澳門文化遺產保護

東亞焦點叢書

澳門文化遺產保護
公民參與的策略

譚志廣

CITY UNIVERSITY OF
HONG KONG PRESS
香港城市大學出版社

編　　輯	陳明慧
實習編輯	劉家慧（香港城市大學公共政策學系三年級）
	何穎珊（香港城市大學公共政策學系三年級）
書籍設計	蕭慧敏
排　　版	劉偉進

Up Création
城大創意製作

圖片提供

頁14, 16, 25, 49, 109, 117（Getty Images）；頁17（東方IC）；
頁38（作者提供）；頁42（東望洋）；頁69、71（Luis）；
頁80（動靜筆記）；頁110（新澳門學社）

封面圖（作者提供）：大約在1902年，聖安多尼教堂司鐸高美士神父計劃按昔日模樣重建聖保祿教堂，後因故未能成事。圖為復原方案的主要圖則。

國際統一書號：978-962-937-346-7

出版

香港城市大學出版社
香港九龍達之路
香港城市大學
網址：www.cityu.edu.hk/upress
電郵：upress@cityu.edu.hk

Heritage Conservation in Macau: Strategy for Public Participation
(in traditional Chinese characters)

ISBN: 978-962-937-346-7

Published by

City University of Hong Kong Press
Tat Chee Avenue
Kowloon, Hong Kong
Website: www.cityu.edu.hk/upress
E-mail: upress@cityu.edu.hk

Printed in Hong Kong

目錄

總序

都說 21 世紀是「亞洲世紀」：300 年前，亞洲佔全球本地生產總值的比例接近60%，今天這比例是30%左右，但一些預測相信到本世紀中，這比例會回復到50%。是的，亞洲很重要，*National Geographic* 的調查卻透露美國大學生當中超過七成人不知道全球最大的商品和服務出口國其實是美國而不是中國；美國有國際條約責任，當日本受到襲擊時需予以保護，知道的美國大學生不足三成。

不要誤會，這裏不是在玩國際冷知識大比拼，國際知識和國際視野也不是同一回事，至少大家不會反對，藉着國際知識冀在升學求職方面「提升競爭力」，總不能算是一種國際視野。當亞洲重新為世界的發展發動重大力量的當下，挑戰和困難隨之而來，我們有什麼選擇、限制、可能性和責任？有多少可以參與、實踐、建構或改變的空間？邁前也好，躊躇也好，甚至歸去也好，態度、觀念、生活方式、情感以何為據？深情冷眼要洞見的視野，應該有歷史的維度、跨學科的視角、人文的關懷、全球在地的胸襟。這一切，靠誰？

一個以亞太區戰略性國際精英為對象的意見調查透露，雖然大部分受訪者都預期未來十年最重要的經濟夥伴是中國，但東亞地區最大的和平和穩定力量依然是美國。然而，要建立一個東亞社區，有什麼重大議程應該大力推動？地區內11個強國和社會當中，美國幾乎是最不關心人權、自由和開放選舉的，

而且這種疑惑似乎是年復一年地惡化；關於未來的挑戰：泰國和新加坡最關心的地區金融危機、印尼最關心的人道需要（例如食水、糧食、教育）、台灣最關心的領土和歷史爭議、日本最關心的自然災難、南韓最關心的核擴散危機⋯⋯等等，全部都沒有被美國精英選入中度關注之列。

今天，大家都知道要警惕西方中心的不可靠。根本的問題如「東亞」應該如何定義，誠如韓裔國際研究名家 Samuel S. Kim 所論，過去將之圈定為中國、日本和韓國，是美國人所謂「儒家文化圈」的偏見使然，也因為他們不樂意看見一個協同增效力量更大的「東亞」。然而，面對未來發展或者變化的難題與機遇，將中、日、韓加上東南亞諸國去建構的東亞論述，不是能夠更有效地看清楚如何防微杜漸，繼往開來嗎？籌備這套叢書的過程之中，其實就是滿懷「逆思考」去捫心自省：西方中心主義不可靠，那麼我們自己可靠嗎？我們的能力似乎愈來愈大了，直到有一天，那些期許、挑戰和責任都來到面前，到了要選擇、建構和體驗的時候，我們會立足在什麼視野的裏裏外外？

因應獨特的歷史和地緣條件，「世界的香港」和「亞洲的香港」在國際交流和東亞身份的營造過程當中所能夠發揮的作用，過去是非同小可，未來也大有可為。年前有調查研究發現，香港人對「亞洲人」這身份的認同感之高，甚至跟認同「香港人」身份相若。另一個以教育工作者為訪談對象的比較研究顯示，其他國際城市的老師認為要提升學生的國際知識，因為相信這些知識有助年輕人在升學求職方面「提升競爭力」，但香港老師的信念是，年輕人本來就應該對多元文化價值的了解和欣賞，多作耕耘。香港城市大學出版社獨具慧眼和胸襟，沒有錯過香港這份人文天賦，推動出版這套「東亞焦點叢書」，以小型的裝幀和聚焦的主題去配合今天讀者的閱讀喜

好，以國際化和跨學科的寫作團隊去建構開放和全球在地的東亞論述，為培養香港以至華文世界讀者的東亞視野，以長流細水灌之溉之。

羅金義
香港教育大學大中華研究中心

序一

志決保育鏡海文遺　　懷舊納新
廣導開啟濠江民意　　任重道遠

　　與澳門文化遺產保護圈的活躍分子譚志廣博士認識至今剛好十年。2007年，我到澳門參加學術會議並搜集研究資料，因緣際會，經澳門大學余永逸教授的介紹，認識他當時的碩士研究生譚志廣君。對談之間，譚君讓我了解到澳門文物大使協會鼓勵保護澳門文化遺產之宗旨及目的，協會肩負傳統與創新並列，保護與傳承澳門文化遺產的精準定位，和致力文化保護作為服務社會的核心重任。

　　在協會2017年的史丹福大學之行，我向譚君認真提議，以研究澳門文遺保護的論文為基礎，用較系統的形式編排成書。經譚君的努力，最近終於完成《澳門文化遺產保護：公民參與的策略》一書，並準備出版。書稿不久前送到，內容翔實、圖文並茂，具有重要的學術價值，實在令人鼓舞。承蒙譚君不棄邀請提供序言，我僅以不完全是局外人的身份略談本書。

　　譚君全書由四章組成，即第一章〈澳門文化遺產保護脈絡〉；第二章〈護塔行動：跨國倡議網絡〉；第三章〈守護路環行動：本土倡議網絡〉；第四章〈文化遺產保護：公民參與的勝利？〉，另附中文、葡文、英文文獻及訪談名單。書中敍述今天澳門公民在參與文化遺產保護方面所面對的挑戰及採用

的策略。20世紀初，澳葡當局藉着澳門工程公所保護國有紀念物，開始形成澳門本土文遺保護意識，但其時公民參與度低，當局面對的壓力有限。回歸後，澳門經濟社會快速發展，民間反而發生多場保護文遺的社會運動，市民保育意識抬頭，顯示經濟發展與文化遺產保護之間的嚴重不調和。譚君書中運用「倡議網絡」理論，結合「迴飛鏢模型」特點，進而選擇「護塔行動」及「守護路環行動」作為關鍵案例深入討論，揭示在「一國兩制」下倡議網絡對澳門特區文化遺產保護政策的挑戰。書中揭示，熱心市民借跨國行動者的壓力，迫使官方改變立場，從而影響澳門文化遺產保護政策。譚博士明言特區政府需要順應社會的轉變，主動加強公民參與文化遺產保護，從而改善文化遺產保育情況。本書有助激發讀者更自覺自願地傳承保護澳門優良文化遺產，對澳門社會文化品牌的長遠發展起到長青永續的重要呼籲作用，也是目前慶祝澳門特區成立18周年的應有之義。

自1999年澳門回歸以來，經濟繁榮、社會發展的同時，亦面對不少挑戰。澳門人緊隨時代成長，歷盡澳門事，亦經歷轉型期裏的高低跌宕。不少新一代的澳門青年，面對和享受着這豐富歷史文化沉澱。本書冀能引起和發掘大眾關心文化的精神與支持傳承的文遺保護工程議題，譚博士真誠的希望市民以務實態度看待文遺保護，按實際情況及空間條件重整澳門環境，將精湛的文遺重修優化技巧結合展示，以社區休憩元素加入保護規劃，成為吸引市民的消閒凝聚點，有助帶動社區的發展，並能讓人欣賞澳門獨有的東西方融合的建築風格；旅客在穿梭於不同年代不同風格相映成趣的建築物之際，亦可體驗澳門人熟悉、充滿經典風情的滋味，這樣思故懷舊之情的漣漪和尋回澳門傳統的回眸邂逅，對一個城市及當地人而言，才更有意義。

譚志廣博士的傑作，以澳門的根本福祉和城市均衡發展的利益為考慮，提供了許多有價值的文物保護經驗和教訓，起到示範作用，對於現在與未來澳門持續繁榮發展的同時，文物保護的關鍵角色作了前瞻、啟發性的建議。閱讀這書，就如一個正面分享、薪火相傳的機會。文物保護，攸關直接塑造城市的命運，必須正面看待，刻不容緩；如果不採取及時有效和更全面的文物保護行動，只會令城市過度發展，後果嚴重，我們將面對沉重代價。

　　筆者相信澳門特區政府及社會，對有目共睹的澳門文化保護成果，都有很大的自豪感。展望未來，澳門應盡量做好文物保護和城市發展建設之間的平衡。眾說紛紜之下，澳門官方理應明白公眾對此會有不少考慮和想法，應該積極啟動諮詢申報，並一如既往地按《文遺法》的嚴格規定與聯合國保護文物的指引，根據古蹟文物基本事實，遵循城市均衡發展的崇高之道，尋求解決矛盾，達至最平衡的專業琢磨方案。以往建設發展獨大的局面，不應該繼續被允許縱容，公眾要高度警惕甚至善於管制，對於容易危害生態、凌駕文化保護、侵蝕社會正能量及破壞屬法律保障範疇的開發項目，都應該被禁止。要城市均衡發展，無可避免需監管，當局應該捨棄建設發展主義，才可以面對未來不確定因素。在這關鍵的歷史時刻，每人都要為澳門文明城市的均衡發展，承擔更大的責任。

陳明銶
美國史丹福大學東亞研究中心

註：序言作者在此感謝葉浩男協助筆錄本文部分初稿。

序二

公平與效率、發展與環保、公民與政府這幾對關係，無論是在民族國家層面，還是在全球層面，都是公共治理必須應對的難題。澳門自1999年回歸祖國後，經濟快速發展，社會急劇轉變，由此也帶來了經濟發展與文化遺產保護之間的矛盾和衝突，進而為澳門特別行政區的公共治理構成了新的挑戰。如何觀察和分析這一挑戰以及政府的回應之道，是公共管理學者的責任和使命。

澳門與香港雖然同屬一國兩制，同行高度自治，但相較於香港政治和社會的活躍度與顯示度，澳門顯得異常平靜與低調。這種平靜與低調讓澳門正在發生的變化得不到足夠的學術關注。事實上，自回歸以來，澳門傳統的封閉的精英政策過程和管治模式也在經歷着值得密切關注的變化。譚志廣的新作從經濟發展與文化遺產保護之間的衝突切入，運用社會運動的倡議網絡分析框架，通過解剖個案，深入分析了公民參與對澳門文化遺產保護政策的影響，為我們觀察當代澳門社會發展、公共政策乃至公共管治過程的提供了一個獨特的視角，讓我們看到了在澳門平靜和低調背後的社會活力及其政策影響。僅此而言，本書就值得向學界推介。

譚志廣是我在中山大學指導的第一個澳門博士研究生，2010年入學，2015年畢業。本書是在其博士論文基礎上修改而成的。作為土生土長的澳門人，志廣對澳門這一東西文化交匯

之地數百年來積累的文化遺產，珍愛有加。在任職澳門特區政府、服務公眾的同時，他積極從事與文化遺產相關的義務工作，還成立了多個相關的民間組織，並擔任負責人。多年來，他不僅積極投身文化遺產的宣傳教育活動，還致力於澳門文化遺產政策的研究工作。可以說，在澳門文化遺產保護領域，志廣不僅是一位有動感的活動家，也是一位有定力的研究者。

為了提升自己的研究能力，志廣努力不懈，公餘攻讀了碩士和博士學位。從碩士階段開始，他就以文化遺產政策作為自己的研究領域。他的碩士畢業論文側重澳門文化遺產保護的政策過程研究。而博士論文的研究，原本他是想運用當今公共管理領域流行的治理理論，從文化治理角度研究澳門文化遺產的保護及其相關政策實踐。後來，隨着研究工作的深入，他根據我的建議，把研究視角從文化治理轉向了公眾參與。在公眾參與的視角下，他的博士論文通過詳實的案例研究，展現了文化遺產政策領域公眾參與的主體、過程、策略和成效，進而把文化遺產政策過程與澳門特區整體性的公共政策過程相關聯，從而從一個側面揭示了回歸之後澳門公共治理面臨的挑戰及其回應策略。

這些年，志廣在澳門文化遺產政策研究方面頗有心得，陸續取得一些研究成果，開始在文化遺產研究方面嶄露頭角。本書的出版，既是志廣多年研究成果的一個結晶，也是對他繼續開展研究的鼓舞。小荷才露尖尖角。期望志廣不忘初心，砥礪前行，繼續為澳門的文化遺產保護事業盡心盡力。

是為序。

岳經綸
2018年於廣州中山大學

前言

　　隨着社會經濟的發展，城市的更新蛻變彷彿成為城市發展及現代化的標誌。如何妥善保護具有價值的歷史建築，對於很多城市來説，成為一個具有挑戰性及爭議性的課題。澳葡政權於20世紀初藉澳門工程公所，初建保護國有紀念物，再形成澳門本土文遺保育，以承傳小城葡韻的歷史軌跡。在澳門回歸前，小城澳門社會經濟變遷緩慢，因文化遺產保護問題而產生的社會矛盾並不尖鋭。然而，隨着主權回歸，特別是賭權開放後經濟社會的快速發展，澳門發生了多場文化遺產保護運動，顯示出經濟發展與文化遺產保護之間存在嚴重衝突，對澳門的公共治理帶來了新挑戰。文化遺產保護儼然已成為考驗澳門公共治理能力的重大問題。

　　過去在殖民政府管制下，澳門文化遺產保護工作得不到足夠的重視。澳葡當局長期採用精英決策的管治模式，公民缺乏參與文化遺產保護政策的機會和空間。而文化遺產保護的研究則聚焦於文化遺產背後的資料，如其歷史、建築、經濟、旅遊、或建築物管理等，只注重文物本身的維護及活化再利用。鮮有學者注重研究文化遺產保護方面的公民參與、公民參與對文化遺產保護的影響力及作用。

　　隨着澳門文化遺產保護社會運動的發展，公民如何參與政府文化遺產保護工作和政策已經成為澳門社會的重要議題。為了解公民參與的策略，本書以「倡議網絡」理論為討論基礎，

結合「迴飛鏢模型」特點，選擇澳門文化遺產保護運動中最具指標意義的兩個個案「護塔行動」及「守護路環行動」作深入討論，通過分析公民參與文化遺產保護的行動過程、策略方法，以及公民與政府的互動方式，揭示在「一國兩制」下倡議網絡對澳門特區文化遺產保護工作，乃至整體文化遺產保護的影響。

本書特別指出，在「一國兩制」下的澳門，儘管面臨行政主導和公民參與渠道不足的政治體制，公民尤其是年青一輩，更多以個人名義或非正式組織形式，參與文化遺產保護。當不同的行動者通過對共同價值的推動，在互聯網的協助下，形成了廣泛的倡議網絡，積極參與文化遺產的保護。他們採用公民運動的方法，開展各種具創意的行動，運用資訊政治、象徵政治、槓桿政治及問責政治的策略，試圖借跨國行動者的壓力，迫使政府當局改變文化遺產保護政策。有鑑於此，特區政府需要順應社會的轉變，主動加強文化遺產保護的公民參與，積極吸納公民的意見，從而改善文化遺產保護施政，以應對公民參與的策略。

本書圖表

1

澳門文化遺產保護脈絡

文遺保護——政府説了算？

早於 20 世紀初，澳門跟隨葡萄牙「國策」，藉着公共工程保護紀念物。然而，當時的保護並不是出於文化考慮，只是為了城市景觀、環境、衛生與國有的紀念價值。「文化保護」四個字根本沾不上邊，只是將有價值的建築物當作名勝古蹟及城市的標記。

隨着城市發展，保護紀念物雖然終於納入了議事日程，但原因是城市需要更新蜕變，才可緊隨現代化的潮流。在未達成共識的國家裏，保護具考古、歷史、藝術或景觀價值的動產或不動產常被不明箇中價值的人認為是阻礙發展的「絆腳石」；但妥善保護具有價值的歷史建築，亦是維持一個城市歷史軌跡及底蘊的基石，如何在社會經濟發展及文化遺產保護之間取得平衡，成為具挑戰性及爭議性的課題。可惜歷史告訴我們，城市進行大規模重建，會令城市失去原本的人文特色，每一座城市變成「複製品」，失去了歷史發展軌跡、歷史人物的足跡、民族主義及宗教信仰。

正因如此，隨着人民生活質素的提升，城市不單着重經濟上的大興土木，也開始重視人文素養及環境保護，公民也漸漸重視文化遺產保護，有助提升大眾的保護意識。當文化遺產成為公共政策的議題時，公民轉趨關注文化遺產保護措施的落實程度，亦着力推動政府制定更有利於保護歷史建築的政策。如果歷史建築受到破壞，公民就會主動參與，以社會運動等方法要求政府重視文化遺產保護，政府此時需要直接面對公民的訴求，亦要與不同利益持分者協商，形成政府與公民的互動關係。

文化遺產保護概念在各地的形成、昇華及轉變，與國際社會開始關注文化遺產的保護狀況不無關係，尤其是聯合國教科文組織於1972年通過《保護世界文化與自然遺產公約》，設立了

世界遺產及自然遺產基金，令國際間共同建立保護世界遺產的責任，共同推動保護全球的歷史及自然瑰寶，不同的國際組織也相繼通過保護文化遺產的憲章及宣言。一國的文化遺產被列入《世界遺產名錄》後，該國須履行國際公約的責任，接受國際社會監督。如果一國的文化遺產保護政策不完善，國際組織可能向該國提出要求改善。自此，文化遺產保護政策的制定，不再以國家為唯一主體，國際組織、地方團體及私人團體等亦可產生影響。

澳門的管治一直強調精英和社團的角色，因公民較缺乏參與的途徑，導致文化遺產保護運動的發生，影響政府的管治。澳門現代管治基礎的三次轉變，可以歸納為四個時期：葡萄牙海外行政系統時期（1955年至1974年）、自治時期（1974年至1990年）、政權移交至中國過渡時期（1990年至1999年）及特別行政區時期（1999年至今）。1974至1999年期間，葡萄牙對澳門的管治按照《澳門組織章程》的規定進行，可說是由澳門總督為首的行政主導模式，總督及立法會同時具有立法權，而司法權只為自治，終審需要上訴至葡萄牙。1999年後，按照《澳門特別行政區基本法》的規定，以「一國兩制」、「澳人治澳」及「高度自治」為原則而設立澳門特別行政區，在中國中央人民政府授權下，實行行政主導，惟行政長官不再具備立法權，只可以制定行政法規，並具有獨立的司法權及終審權（詹中原，2005）。

澳門進入過渡期後至回歸前的政治發展，圍繞着澳門的主權移交而推展，尤其是公務員當地語系化朝向更具代表性的官僚體系、法律當地語系化、官僚貪污控制的行政改革，但澳門居民不會主動參與政治、不相信選舉及澳葡政府，而澳葡政府依賴親北京社團的合作推動公共政策。澳門回歸後的政治轉型受到現代化主義者（Confucian-style modernizer）管治哲學影響，

特區政府的認受性得以提升，加上官僚機關的改革、公民參與由選舉走向競爭、博彩經營權的開放及有組織犯罪減少，以及政治經濟的區域合作及對抗，形成澳門本土政治的複雜關係（Lo, 1995; 2008）。博彩業開放讓相關利益團體進入立法會，行政長官相繼成立新的諮詢組織吸納公民參與及發表意見，行政長官以強勢領導維持管治。

澳門奉行行政主導，由執政者按其意志透過政府的行政系統推動施政，再透過以親北京（或親政府）團體為核心的執政聯盟推動政策的落實。此做法在公民要求較低的政治環境下的確有利於施政。無論是婁勝華（2004；2006）、高炳坤（2009）、潘冠瑾（2010）、何秋祥、蔡嘉琳（2009）、區耀榮（2014）、謝四德（2009），還是辜麗霞（2008）的觀點，他們認為特區政府若要維持澳門的有效管治，必須透過不同方法與社團建立密切的合作關係，尤其是代表性社團，特區政府須與社團建立緊密的管治聯盟，讓社團成為政府的「代理人」提供公共服務，委任社團人員成為諮詢機構成員，從而組成有效的政策網絡。特區政府更需要協助社團培養領袖，向社團給予資源，輔助其發展，從而有助政策落實。

不過，如果公民重視社團作為仲介角色，澳門就不應有越來越多的遊行和示威。更多的公民選擇自發行動，反對甚至衝擊政府的政策，對文化遺產保護帶來了壓力。公民參與時，如何與非政府組織、國際組織的合作，透過游說、輿論或社會行動等達到目的，過程中公民參與的成效及作用等，較忽略人民在議題中所扮演的角色。

若公民對政策的態度轉變，尤其是對政策的要求增加，上述的政策制定方法未必行之有效。社團除了與政府建立良性及管治聯盟關係，亦需要面對公民的壓力及選舉的選票考慮等因素，一旦社團作出與公民要求相違背的行動，會影響其能否

在立法會選舉中取得議席，傳統社團不一定願意再為政府的政策全部背書。因此，在行政主導的過程中，需要強化公民參與制定政策的過程，平衡兩者之間的矛盾。此外，澳門由中央政府授權地方自治，當面對涉及國家的議題時，尤其是關乎國際組織認可的議題，應當如何解決高度自治與國家管治之間的問題，也是政府新的管治課題。

在澳門管治的大環境下，澳門政府制定文化遺產保護政策，仍離不開以封閉的精英決策模式制定。中國於1999年12月20日對澳門恢復行使主權後，聯合國教科文組織在2005年將「澳門歷史城區」列入《世界遺產名錄》。自此，澳門的文化遺產保護除受本地社會重視外，亦需接受國際社會的監督，公民的文化遺產保護意識顯著增強。同一時期，澳門社會經濟環境的急速轉變，社會經濟發展與文化遺產保護之間存在嚴重衝突。世界遺產周邊範圍的城市建設，容易破壞文化遺產的景觀及環境，過去多年便發生過多宗歷史建築保護爭議事件，如拆卸下環街市、社會工作局大樓、望廈兵營、高園街公務員大廈及中西藥局等，以至於美珊枝街設臨時戒毒中心，甚至是在氹仔小潭山及路環疊石塘山興建高層樓宇。

在多場文化遺產保護運動中，公民主動參與，要求特區政府妥善保護文化遺產。當公民的行動無法改變政府決定時，公民主動尋求跨國組織的協助，借助跨國組織向特區政府施加壓力，迫使政府改變，形成了瑪格麗特‧E‧凱克（Margaret E. Keck）和凱薩琳‧辛金克（Kathryn Sikkink）（2005）提出的「倡議網絡」。當一個地方的人民發現政府不聽取人民的訴求時，會轉向國際社會尋求協助，以迴飛鏢的模式，由國際社會非政府組織向國家施加壓力，迫使政府改變政策。一旦網絡形成後，政府懼怕在政府與國際組織的恆常機制以外，公民會再次要求

國際組織對政府施加壓力，「護塔行動」及「守護路環行動」就是當中明顯的例子。

倡議網絡理論強調公民要求跨國行動者介入，需要了解公民在公共政策的參與情況，才可分析公民如何啟動跨國的大門。公民、政府與跨國行動者在倡議網絡裏的互動，透視澳門文化遺產保護的公民參與，是值得探討的問題。由於特區政府不重視公民的聲音，公民借助跨國行動者的力量，向特區政府施壓，最終達到改變政策的目的。倡議網絡理論還提到迴飛鏢

圖1.1 迴飛鏢模型

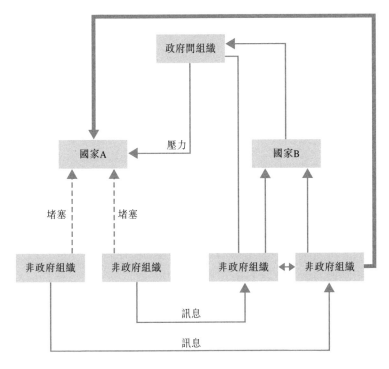

資料來源：瑪格麗特・E・凱克、凱薩琳・辛金克（2005：14）

模型（boomerang pattern），若行動者的理念無法得到政府的有效回應時，行動者除了向國內的地方組織、社團、企業、個人及媒體等尋求支援外，亦會找國際組織尋求協助，從而建立行動者之間的連結。此外，若政府拒絕與行動者作出有效溝通，行動者就會加強倡議網絡的力度，擴大影響範圍，亦促進網絡達成倡議的目標，具有跨國網絡特性的迴飛鏢模型就會出現。從圖1.1可以得知，行動者向國際非政府組織尋求協助時，國際非政府組織評估其自身利益與相關議題的關係後，才決定會否參與網絡，並向有關政府施壓，要求有關政府改變政策方向（瑪格麗特·E·凱克、凱薩琳·辛金克，2005）。

本書結合行動者（公共部門、私人部門及第三部門）的參與，加上因澳門部分文化遺產屬世界遺產，對建築物進行評估及修復等工作，需要國際組織及專家學者共同探討。政府部門除了包括負責統籌文化遺產工作的部門外，還包括中央政府及其相關的部門，如諮詢組織、工程、街道及相關建築的管理機構等；私人部門則主要是涉及有關個案的商業機構及發展商；第三部門則以社會團體為主，包括正式或非正式團體，在過程中曾參與保護的團體等，以及沒有明顯背景的公民。因此，在綜合個案的行動者後，本書個案的行動參與者包括常見的公共部門、私人部門及第三部門，並包括國際組織、專家學者及公民（見表1.1）。

本書以倡議網絡結合不同參與者的行動，尤其是公民參與，藉着分析「護塔行動」及「守護路環行動」，回顧這兩宗事件的背景、進程及困局，了解特區政府公共政策的公民參與情況。由於特區政府沒有重視公民參與，不同的行動者對於共同價值的推動，以及連結相關議題，加上互聯網絡發揮的影響力，動員公民參與歷史建築及遺址的保護，以及動員海外國際組織介入，自發組成倡議網絡，對政府施加壓力，迫使特區政府改變政策。特區政府需要在倡議網絡已形成的基礎上，順應

表1.1 文化遺產保護行動者的分類

行動者	主要特點	例子
公共部門	負責文化遺產保護的部門、在文化遺產相關的其他部門，如諮詢組織、工程、城市規劃、街道、城市建設、旅遊、遺產管理實體等、相關的監督實體，以及上級政府及其部門等。	中央人民政府、文化局、民政總署、土地工務運輸局、文化諮詢委員會等
私人部門	能夠影響文化遺產保護，或發展文化遺產項目，從而獲取利益的組織。	地產發展商、業權人等
第三部門	參與文化遺產保護，爭取支持，以及維護一定利益的民間團體。	澳門歷史文物關注協會、澳門歷史學會、澳門文物大使協會等
國際組織、專家學者	對保護文化遺產監督、提供指導、規劃及專業意見的組織及人士。	聯合國教科文組織世界遺產委員會、世界遺產專家等
公民	關注文化遺產保護的普羅大眾，為了爭取某種要求，透過不同網絡自發組成的非正式組織。	關注相關議題的公民、非正式組織（如「護塔連線」、「守護路環行動」）等

資料來源：筆者整理

社會的轉變，政策制定需要加強公民參與，與公民建立參與政策制定的互動，吸納公民的意見，避免公民再次引發跨國組織的介入。此外，在「一國兩制」的框架下，特區政府面對既屬於地方事務又屬於國際議題時，中央政府與特區政府需要妥善處理當中的關係及問題，以符合高度自治的原則。

百年文保——緩慢地成長

澳門自1912年跟隨葡國政府的政策，以公共工程形成文化遺產保護的雛型。在早期還沒有「文化遺產」的概念，只是以

「紀念物」（monumentos）作為保護某些建築物。而「紀念物」亦稱作「古蹟」或「名勝」。經歷了保護紀念物的階段，澳葡政府漸漸深化法規及部門職能的建構，不斷完善文化遺產的保護類型、建築物列表及組織部門職權，但重點只放在保護葡式建築物，使殖民地歷史能夠在社會上突顯出來。澳門回歸後，文化遺產保護則着重於申報世界文化遺產，以及持續地保護已列入文化遺產保護清單內的建築物。

澳門文化遺產保護歷程可以分為五個階段：第一個階段是20世紀初至50年代，藉工程建構保護模式。1912年，葡萄牙政府《屬地工程公所章程》（Regulamento geral das direcções e inspecções das obras públicas das colónias）在澳門生效，而澳門工程公所（Direcção das Obras Públicas da Província de Macau）亦於1914年正式成立（Imprensa Nacional de Macau, 1914: 226–229）。該公所具有「研究、興建及維護建築物及公共紀念物」的職責（Imprensa Nacional de Lisboa, 1914: 214–217），成為保護澳門文化遺產的先驅。另外，1940年組織審美委員會（Comissão de Estética）（Imprensa Nacional de Macau, 1940: 147），包括審核有關紀念物的保護及中國寺廟，成為首個具有保護文化遺產職能的委員會。

20世紀50至60年代被視為文化遺產保護的具體時期，澳葡政府於1953年成立委員會，藉此「公佈辦法以使保護及保全各海外省地方上有關價值性歷史性以及美術風景原則上之一切古蹟」（Imprensa Nacional de Macau, 1953b: 843），亦藉頒佈單行的訓令限制大炮台區域發展和前地空間的利用（Imprensa Nacional de Macau, 1961: 316–317；Imprensa Nacional de Macau, 1966: 1012）。因此，葡萄牙政府仍相當重視各海外省的文化遺產保護，尤其是澳門的一九五三年七月十一日第2032號律例在1953年生效之後（Imprensa Nacional de Macau, 1953a: 843），形成了承擔文化遺產保護的初步管理結構。

第三個階段則是20世紀70年代，除了深化政策制度外，亦開始以法律法規形式建立保護文化遺產的剛性措施，尤其是首部文化遺產保護法規八月七日第34/76/M號法令於1976年8月12日起生效，確立了保護文化遺產的具體方針，亦組織「維護澳門都市、風景及文化財產委員會」（Comissão de Defesa do Património Arquitectónico, Paisagístico e Cultural），正式訂立以「文化遺產」作為保護澳門歷史建築（Imprensa Nacional de Macau, 1976: 1100–1103）。

　　第四階段則是20世紀80至90年代，以建立專門性的行政部門及改革法律制度，如在1980年成立教育司（Direcção dos Serviços de Educação e Cultura），下設教學暨文化署（Repartição do Ensino e Cultura）文化處（Divisão de Cultura）文化財產科（Secções de Património Cultural）專責文化遺產工作（Imprensa Nacional de Macau, 1979: 1334（71）–1334（81））；再到1982年9月4日設立澳門文化學會（Instituto Cultural de Macau）（文化局前身），以及於在1984年頒佈六月三十日第56/84/M號法令《建築、景色及文化財產的保護》，取代八月七日第34/76/M號法令，以回應文化遺產保護的發展（政府印刷局，1984：1390–1397）。1992年頒佈十二月二十八日第83/92/M號法令，增加保護文化遺產的類型（澳門政府印刷署，1992：6367–6374），亦開始加入國際性組織，作為澳門申報世界遺產的準備。

　　第五階段為澳門特別行政區成立至今。特區政府更着重於申報世界文化遺產，以及對已列入保護的建築物展開保護。《澳門特別行政區基本法》第125條規定「澳門特別行政區政府依法保護名勝、古蹟和其他歷史文物，並保護文物所有者的合法權益（印務局，1999：366）」，屬文化遺產相關法律的最高位階規定，任何相關法律均不可抵觸此原則。特區政府亦因應社會的訴求，調整其管理模式，加強公民在公共政策的參與角

色，尤其是修訂《文化遺產保護法》及相關法律，第11/2013號法律《文化遺產保護法》於2014年3月1日起生效後，進一步強化文化遺產保護工作及制定理性的政策制度（印務局，2013a：1859–1899），設立文化遺產委員會（印務局，2014a：66–71）。首批按第11/2013號法律《文化遺產保護法》獲評定為紀念物、具建築藝術價值的樓宇，亦於2017年1月24日被列入（印務局，2017a：49–61）。文化局亦於2016年1月1日起再次重組，整合及擴大保護文化遺產的職能（印務局，2015：1036–1057）。

綜合而言，截至2018年4月，特區政府依據執行文化遺產保護的法律法規包括《保護世界文化和自然遺產公約》、《保護非物質文化遺產公約》、《保護和促進文化表現形式多樣性公約》、《澳門特別行政區基本法》、第11/2013號法律《文化遺產保護法》、五月十六日第26/94/M號法令、第4/2014號行政法規《文化遺產委員會》、第20/2015號行政法規《文化局的組織及運作》、第1/2017號行政法規《評定紀念物、具建築藝術價值的樓宇和設立一緩衝區》及第83/2008號行政長官批示為主，同時亦需要關注第12/2013號法律《城市規劃法》及第10/2013號法律《土地法》的協調。

文保運動——公民參與的崛起

雖然前面提到澳門的文化遺產保護取得不錯的成果，但涉及公民參與的部分仍偏低。隨着社會的發展，文化遺產保護面臨困境，亦存在隱憂，尤其是公民參與、社會運動的推動，政府的政策受到公民的挑戰，文化遺產的保護亦因公民參與而產生改變。

圖1.2 「澳門歷史城區」及其緩衝區的圖示範圍

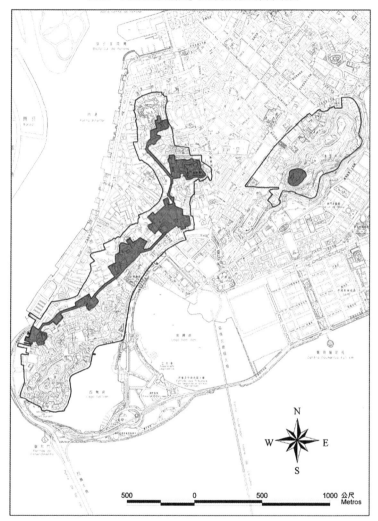

■■■ 澳門歷史城區
□ 緩衝區

資料來源：印務局（2013a：1859–1899）

澳葡政府時代，公民並不關注保護文化遺產，政府推動的政策措施全是由上而下地推行。圖為目前位於澳門伯多祿局長街的葡萄牙駐澳門及香港總領事館。

　　回顧澳葡政府時代，公民並不關注保護文化遺產，更談不上參與其中。在整個時期裏，澳葡政府推動的政策措施全是由上而下地推行，政府把其意志直接加在公民身上，這時期的公民對於政府的政策漠不關心，對公共事務亦較忽略，無論是否反對政策也不會表態（陳澤成，2010）。因此，澳葡政府對問題的討論層面只局限在由澳葡政府委任的諮詢委員會成員，沒有廣泛地與各個階層及利益團體進行對話，即使在文化遺產保護推行過程遇到不滿，仍可較易解決，不會廣泛引起社會糾紛。澳葡政府在制定各項文化遺產保護政策時，沒有公開的公民參與途徑，由最初只有少數葡人精英參與制訂，到藉諮詢組織吸納華人參與，實質上都是只有少數相關利益者參與。

　　在澳門推動文化遺產列入《世界遺產名錄》的同時，即使是申報世界遺產，在一定程度上是為推動旅遊業的發展，尤其

是澳門的發展在2002年被重新定位——以旅遊博彩業為龍頭，服務業為主體，其他行業協調發展（澳門特別行政區政府，2001：10），文化遺產成為了特區政府發展產業的一個品牌。澳門的博彩業經營權在2004年正式開放，持有經營權的公司由一家專營轉為三家持有（其後發生「副牌」事件變為六家），由此帶來的資金湧入及社會發展是前所未有。特區政府為促進博彩業的發展，配合博彩承批公司的需要，政策上明顯傾斜博彩公司及發展商的利益，讓博彩公司及發展商享有較優越的政策優惠，如土地批給、勞動力資源，亦在眾多專案申請中為他們大開綠燈。鄭國強（2010）曾指出因澳門政府的政策過於傾斜發展商，使澳門文化遺產保護失衡。

博彩業的發展帶動澳門整體經濟總值瘋狂飆升，特區政府從中坐享龐大的稅收，經濟利益尤其突出，文化遺產成為了發展特區旅遊業的工具。另外，部分公民收入提升及生活水平提高，讓特區政府政策措施更傾向以經濟利益為主導，政策制定以解決經濟問題、民生問題或公共部門本身利益為優先。值得留意的是，文化遺產保護工作可以2005年澳門歷史城區成功申報世界遺產為分界線。特區政府初期仍沿襲澳葡政府的政策推展文化遺產保護，因應社會發展而調整相關政策。在這之前，各項文化遺產保護工作以滿足申報世界遺產為優先考慮，此後，則以符合列入世界遺產的要求而推展，同時開展的工作趨向多元化。除了關注已列入文化遺產名錄的文化遺產，亦有選擇性地對不在名錄內的歷史建築物進行維修及保護工作，以及開展非物質文化遺產的保護工作，確保澳門珍貴歷史的印記不會受到破壞。然而，上述大部分的措施由計劃到實施為特區政府的內部行為，大部分沒有進行正式公民諮詢、收集意見，直至政策執行前才公佈項目計劃。特區政府採用澳葡政府時代的精英管治與華人吸納的政策決策模式，在處理涉及爭議較少的政策時仍然有效。然而，現實中卻面對公民參與的考驗。

回歸以後，澳門特區政府推動文化遺產列入世界遺產名錄，只為推動旅遊博彩業的發展，博彩業的強勁發展更令文化遺產保護與社會經濟發展之間出現嚴重衝突。

　　隨着「澳門歷史城區」於2005年獲聯合國教科文組織列入《世界遺產名錄》，澳門居民對本地文化的認同漸提升。伴隨多項基建開展，澳門社會也急促發展，博彩業的強勁發展更使整個社會環境急劇改變，造成文化遺產保護與社會經濟發展之間出現嚴重衝突，自2004年開始發生多次文化遺產保護運動，如拆卸下環街市、社會工作局大樓、望廈兵營、筷子基平民大廈、高園街公務員大廈及中西藥局，以及美珊枝街設臨時戒毒中心，美副將大馬路別墅樓群土地利用等問題，均令公民更重視文化遺產保護的重要性，促進公民對文化遺產的參與。值得留意的是，文化遺產的保護往往與發展商的利益有一定的矛盾，加上澳門申報世界遺產帶來的保護熱，當特區政府推出不利於文化遺產保護的政策，容易受到公民質疑，所以發生了不少文化遺產保護事件。特區政府成立後受關注的文化遺產保護事件見表1.2。

澳門的文化遺產保護事件並非每一宗均一帆風順獲解決。2016年，當文化局還在計劃荔枝碗船廠的保育方向時，海事及水務局已啟動拆卸程序，目前尚在評定階段。

從表1.2可以看出，2001年至2018年4月期間發生的26宗文化遺產保護事件，文化遺產保護並不是一帆風順，不少個案以保護失敗告終，如何保護尚未列為文化遺產的歷史建築，活化文化遺產到活化社會，一直是社會討論的爭議點。在2001年益隆爆竹廠拆卸為首宗事件，保護推動工作至2018年止尚未結束。高潮是2006年至2008年間，東望洋燈塔周邊興建超高層樓宇影響景觀的事件，除了引起社會大眾關注，亦因其世界遺產的身份而受到聯合國教科文組織關注，特區政府履行保護承諾而讓景觀獲得保護。其後大眾的關注熱點稍降，在2010年發生最多爭議事件，隨後每年也有固定問題發生。之後的事件，除尚未公佈處理結果外，大部分歷史建築均以保育的原因而獲得保護，擱置了原本的發展計劃。直至2013年因路環一幅私家地內的軍事哨站保護問題，牽起該地段內的山體可能被削而興建高樓而導致另一波保護高潮。在上述的事件中，每一宗事件均涉

表 1.2 特區成立後文化遺產保護事件

開始年份	結束年份	事件重點	情況	結果
2001	—	益隆爆竹廠的利用	待政府收回被霸佔官地後，啟動文化遺產評定程序	未完成
2004	2006	下環街市拆卸重建為新街市（市場）	在政府推動的情況下，下環街市被拆卸	失敗
2006	2007	社會工作局大樓（藍屋仔）拆卸重建為新辦公大樓	在民意反對及研究報告結果下，藍屋仔獲得保留，並於2017年被重新列入《文化遺產名錄》	成功
2006	2008*	東望洋燈塔周邊興建高層樓宇影響景觀	在公民及國際社會力量介入後，政府第83/2008號行政長官批示限制樓宇高度，但於2016年宣稱計劃容許發展商按現時限時復工，但質疑社會超高度超出限高規定	成功
2006	—	舊法院大樓改建為中央圖書館	2006年首度提出設下文物。2016年因造價9億而受社會關注。政府措選址合適，但社會質疑建築物未能承續規模。2018年政府對設計開展公開招標	未完成
2006	—	葡文學校遷址至媽閣廟對開位置	影響世界遺產景觀而被取消計劃	成功
2008	2008	望廈兵營舊址改建為公共房屋	特區政府低調及急速處理拆卸	失敗
2009	2010	筷子基平民大廈重建為新公共房屋	吸納原本建築元素重建公共房屋	失敗
2010	2010	大三巴世遺核心區考古發掘	順利拆卸東方園街大樓進行考古，亦有部分考古成果	成功
2010	2011	中西藥局拆卸改建	特區政府出資收購興建中西藥局展館	成功
2010	2010	聖老楞佐堂周邊興建垃圾房	特區政府在爭議聲關置計劃	成功
2010	2010	美珊枝街24號旁設立臨時戒毒中心	特區政府宣告閣置計劃	成功
2011	—	氹仔七潭公路土地的建築設計修改為興建多棟高層樓宇	特區政府經聽證後尚未公佈結果	未完成

開始年份	結束年份	事件重點	情況	結果
2012	2012	美副將大馬路12幢公務員樓宇用地改為「儲備」	特區政府澄清不會拆卸	成功
2012	—	青洲修道院	業權至今仍未解決，一直荒置	未完成
2013	—	路環軍事哨站（碉堡）及田畔街樓宇興建	廉政公署指土地涉及不法換地，要求政府收回土地	成功
2013	2013	均益炮竹廠拆卸	已拆卸	失敗
2013	—	渡船街1號拆卸	拆卸過程中被終止工程，最終不列入《文化遺產名錄》	失敗
2014	2014	嘉諾撒仁愛女修會修院地段重建	修院保留，其他拆卸重建	無法完整保留
2015	2018	漁人碼頭A地段興建樓宇高度由60米放高至90米	發展商放棄放高，維持以60米興建	成功
2015	—	愛都酒店	拆卸改建為青少年文康活動中心，社會討論保留或拆卸，文化遺產委員會否決成動評定程序，最終興建方案還未出台	未完成
2015	2016	慈幼中學擴建	百年校舍部分被拆毀及改建，校方承諾保留舊校舍部分特色，但未見具體方案	無法完整保留
2015	2016	山頂醫院傳染病大樓兩間小屋	興建傳染病大樓引起爭議，還未有方案，但社會擔心過度商業化、餐飲計劃被擱置	失敗
2016	2016	龍環葡韻葡式建築博物館	重整規劃作文創區，餐飲商業化	成功
2016	—	荔枝碗船廠拆卸	荔枝碗船廠發生爆柱事件，文化局初步計劃改建成棚屋展示館，但海事及水務局於2017年急忙開始拆卸，文化局終宣告啟動評定程序，處於評定程序階段	未完成
2017	—	六國飯店外牆拆清拆	文化局要求業權人按原貌重立面，但立面被復建視拆掉，顯示監察力不足	失敗

* 其中一座「超高」建築物的賠償及拆卸問題至2018年4月為止仍未解決。

資料來源：作者整理

及不同的社會議題，大部分均與經濟利益扯上關係，亦有與社會民生設施、社會服務設施、部門土地的用途等，但最受社會關注是世界遺產受到損害，而公民也經常挑戰當權者保護文化遺產不力，時刻提醒特區政府需要重視民意。

多年來發生過多次不同的保護衝突，完全是由當局與公民間保護文化遺產的不協調而引致。政府內部的部門與部門之間因為職能重疊或矛盾，其他決策部門的政策影響文化遺產保護，但是文化局在當時的法律框架，沒有足夠職權解決相關問題，尤其是不在文化遺產名錄內的歷史建築保護問題，各個部門態度不一，有時候因「本位主義」影響整理施政策略（陳澤成，2010；吳國昌，2010；林發欽，2010）。特區政府成立後，沒有因應社會環境的轉變，及時走出精英決策的封閉過程，也沒有有效吸納公民參與，回應社會的訴求，導致問題風波越鬧越大。雖然特區政府在不同事件發生後有吸取相關經驗，採取其他議題牽引保護的議題，惟在相關事件上仍多次發生，民意的吸納尚未周全。

另一方面，有部分法律沒有嚴格規範特區政府在制訂文化遺產保護政策時，需要吸納及諮詢公民意見，法律規範趕不上社會的急速發展，導致法律滯後。法律的修改同樣受到多場文化遺產保護運動影響，加上聯合國教科文組織的要求，以法律的形式進一步完善文化遺產保護的各種基礎原則，亦在法律上強化了公民參與的規定，如在文物普查或制定《澳門歷史城區管理計劃》時，要面向公民公開諮詢，讓公民表現意見，從而改善過去在文化遺產保護中公民參與不足的情況。

即使公民參與文化遺產的保護行動，也不代表水到渠成，甚至是成功的。正如表1.2所列的事件中，不少以失敗收場，但一次又一次的保護風波，卻讓文化遺產保護成為了澳門近十多年來，其中一項最受關注的社會議題。在澳門歷史城區列入

《世界遺產名錄》的前後數年，由保護益隆炮竹廠、重建下環街市、藍屋仔拆卸、東望洋燈塔周邊興建高樓、拆卸望廈兵營，甚至是高園街公務員大廈等議題，除了東望洋燈塔周邊興建高樓外，社會的關注力度仍是有限，失敗的個案最終屈服於社會其他議題，也有是長官的意志而導致建築物被拆卸，因此，即使可以引發公民推動一場又一場的保護運動，但不代表公民的參與可以帶來成功。

常有人說，特區政府保護已列入《文化遺產名錄》的歷史建築，這些建築不會存在問題，政府對它們珍而重之，而「出事」的往往是不在名錄之內的建築，甚至是文化遺產的周邊環境，公民參與關注的議題也不再是單座歷史建築，而是土地利用及城市規劃之間的問題，如路環軍事哨站（碉堡）及田畔街樓宇興建項目，甚至是新口岸新填海區的樓宇高度，以及新城填海計劃等。在這數年，公民對於文化遺產保護的訴求和力量漸趨強大，公民的討論已出現改變，更着重景觀、視野、城市的空間協調等，公民參與面對着眾多的挑戰。在眾多保護事件中，本書選擇兩個公民參與成功，而且深具代表性的事件，包括稱為「護塔行動」的東望洋燈塔「超高」樓事件，以及稱為「守護路環行動」的保護路環軍事哨站及山體的事件，藉此剖析公民參與的成功之處。

2

護塔行動
跨國倡議策略

興建高樓——引發行動

　　東望洋燈塔（也稱為「松山燈塔」），位於澳門半島的最高點，海拔90米高的東望洋山（也稱為「松山」）之巔，由澳門土生葡人加路士・域臣第・羅渣（Carlos Vicente da Rocha）設計，高13米，是一座圓柱形建築，於1865年9月24日建成，翌年9月24日正式啟用。1874年，發生「甲戌風災」，它在這場風災中被毀，其後重建，1910年6月29日重新啟用至今（吳志良、楊允中，2005：28）。東望洋燈塔被納入為東望洋炮台（也稱為「松山炮台」）的一部分，連同在其旁邊的聖母雪地殿聖堂在2005年7月15日成為澳門歷史城區之一，列入《世界遺產名錄》，成為世界文化遺產，亦被列入「澳門八景」之一。

　　在通訊設備尚未發達的時代，東望洋燈塔因其地理位置，其發出的閃耀光芒負責引導船隻航行。雖然現在它已失去導航

東望洋燈塔位於澳門半島的最高點，連同旁邊的聖母雪地殿聖堂在2005年7月15日成為澳門歷史城區之一，列入《世界遺產名錄》。

的作用，但在澳門人心中仍有標誌性及代表性。東望洋燈塔的座標更是澳門地理位置的代表，因此，東望洋燈塔可說是除了大三巴牌坊及媽閣廟外，最具有代表澳門的象徵意義。

隨着澳門歷史城區列入《世界遺產名錄》，社會對於文化遺產保護的關注日益提高，而澳門歷史城區獲聯合國教科文組織列為世界遺產的其中一個目的，就是降低社會發展對文化遺產保護造成的損害。可惜的是，東望洋燈塔最初於2007年至2008年期間面對社會發展而帶來的保護災難，民間的文化遺產保護關注推到最高點，引起國際對澳門文化遺產保護缺失的關注。

整個「護塔行動」可說是城市發展興建高樓與保護世界遺產之爭。事實上，特區政府為使澳門歷史城區的部分緩衝區受到法律保護，行政長官何厚鏵於2006年7月24日頒佈第202/2006號行政長官批示，將被評定屬澳門歷史城區的紀念物、具建築藝術價值的建築物、建築群及地點的周邊範圍及有關保護區列入保護範圍，作為十二月三十一日第83/92/M號法令附件V的補充，然而，涵蓋包括範圍並未完全覆蓋所有範圍，尤其是第133–138號街區（亦稱為第133–138號地段）卻不在保護區，使上述地段不受文化遺產保護的樓宇高度標準限制（印務局，2006a：996）。發生問題的地方就在第133至138號街區。

與文化遺產保護政策相違背的是，特區政府於2006年放寬外港新填海區及南灣湖一帶的樓宇可興建高度。在沒有預先向外界宣佈及聽取公民意見的情況下，行政長官何厚鏵於2006年8月21日頒佈第248/2006號行政長官批示，稱因《外港新填海區都市規劃章程》（下稱《外港規劃章程》）及《南灣海灣重整計劃之細則章程》（下稱《南灣重整章程》）已不能配合澳門社會及經濟的發展，加上澳門土地資源缺乏，特區政府亦需要促進博彩公司落實其投資發展專案，宣佈決定廢止核准上述章程的四

月十八日第68/91/M號訓令，自同日起生效（印務局，2006b：1062–1063）。回歸前，澳葡政府將東望洋山山腳及新口岸區建築高度控制在20至60米，目的是保證能夠在外港看到東望洋燈塔，具有由燈塔燈光引領人民從海上歸來的象徵意義。

特區政府廢止該章程，造成容許了發展商在外港新填海區興建的建築物高度可以高於60米的後果，具有破壞從東望洋山望向外港視野景觀的危機。取而代之為屬於土地工務運輸局內部指引的《新口岸區規劃指引》（澳門特別行政區政府城市規劃內部研究小組，2008：34–35）。事實上，有關章程沒有規範133至138號地段的樓宇高度，上述地段只要符合八月十七日第79/85/M號法令《都市建築總章程》的有關規定，樓宇高度可以超過東望洋山的高度，該做法等於向發展商大開綠燈，帶來破壞從東望洋山望向外港的視野景觀的危機。

就在上述法規頒佈及廢止的前一年，亦是澳門成功申報世界遺產的同一年。特區政府在沒有法律規範及諮詢公民的情況下，突然於2005年10月宣佈批准保留一幅位於外港填海區第136號街區（地籍編號為0641.001），鄰近羅理基博士大馬路，面積為6,296平方米的土地（簡稱「136地段」）予中央人民政府駐澳門特別行政區聯絡辦公室（中聯辦），按照土地工務運輸局發出的街道準線圖，沒有作樓宇高度限制（地圖繪製暨地籍局，2004）。中聯辦計劃興建一座高99.12米的辦公樓宇，作為其新的辦公大樓（《大眾報》，2006；印務局，2005：1011）。由於東望洋山體海拔只有90米，所以其建築高度已超過東望洋山，阻礙東望洋燈塔的景觀。

更嚴重的是，特區政府的新口岸羅理基博士大馬路與加思欄馬路一帶整治方案，更將保護世界遺產推向危機。土地工務運輸局於2006年8月8日公佈，將鄰近的133號街區至138號街區

（簡稱「133至138號地段」），原本樓宇高度限制由20.5米至90米，放寬至90米至99.9米，134地段建築物高度可更達到135米（地籍編號為0610.028）（即鄰近嶺南學校及金融管理局，位於東望洋山山腰的若憲馬路地段，後有報導稱高126米）（《澳門日報》，2006）。上述特區政府批准興建的樓宇，其高度已遠遠超過東望洋山體（《新華澳報》，2006），加上其位於東望洋山腰，尤如一枝大竹插在山頭上，非常影響城市景觀，尤其是影響東望洋燈塔的景觀。

由於東望洋燈塔的周邊會興建高樓，逐漸引發公民對政府決策的不滿，加上公民參與的渠道不足，形成倡議網絡推動「護塔行動」，吸引公民參與，要求跨國組織介入，迫使特區政府改變政策。

護塔行動——形成與擴大

「護塔行動」一開始不太受社會重視，隨着問題浮現，保護東望洋燈塔景觀的力量開始凝聚，加上透過資訊政治的策略，這股力量越來越強大，逐漸取得整個行動的話語權，社會上支持保護東望洋燈塔景觀的力量，比同意興建高樓的更強大。本節將討論「護塔行動」中行動者的形成，以及其採用的策略，使要求限制樓宇高度的要求得以擴大。

行動網絡——吸納與形成

網絡行動者的形成主因是特區政府阻塞政府與公民之間的溝通渠道。自特區政府容許東望洋燈塔的周邊興建高樓後，公民逐漸形成反對的聲音，開始形成倡議網絡的行動者。首先引

爆這個議題的是澳門時事評論員黃東，他在2006年8月19日公開指出，在新口岸區興建的樓宇高度超過東望洋山體，對城市景觀造成嚴重的破壞，「完全無法突顯出松山的綠化帶和山脊線存在的自然美感，高度控制幾乎沒有意義」，整個方案沒有城市規劃的控制，甚至導致世界遺產被除名（黃東，2006）。

儘管公民公開批評特區政府的決策，特區政府依然故我，這引起更多社會人士關注議題。立法會議員區錦新於2006年9月8日向特區政府提出書面質詢，要求特區政府解釋事件（區錦新，2006）。直至2006年年底，公民突然開始關注東望洋燈塔景觀的議題。2006年12月1日立法會進行運輸工務範疇施政辯論的時候，議員向運輸工務司司長歐文龍質詢城市規劃及東望洋山興建的樓宇高於山體的議題（《華僑報》，2006a），終引起報章開始關注此議題。據報導，有不少公民在該天收到電話短訊，希望公民「救救東望洋燈塔！」（《華僑報》，2006b）。

網絡的行動者藉着媒體的廣泛報導，吸引公民注意。自2007年起，來自各方反對興建高樓的聲音開始湧現，媒體除了持續地在報章刊登社論外，社會上開始出現不同的群體討論事件，如立法會議員、傳統社團、文化遺產關注團體、專家學者、由民間自發組成的非正式組織等，他們漸漸形成倡議網絡。無論是民間自發、網絡組織還是社團等，透過多種行動要求特區政府終止發展商的工程項目，有些行動更獲得親政府團體的支持。

最具影響力的是兩個由公民自發組成及參與的非正式組織，分別是由澳門街坊會聯合總會推動，以東望洋區居民為主要成員的「保護東望洋燈塔關注組」；另一個則是主要由澳門歷史學會、澳門歷史文物關注協會、公務員、學生、教師、建築師、城市規劃師等專業人士組成，於互聯網組織的「護塔連線」民間網絡，關注東望洋燈塔景觀備受威脅的問題（《正

報》，2007b；胡玉沛，2015）。胡玉沛特別指出「護塔連線」的作用是聯合了一群支持保護東望洋燈塔的人，他們來自社會不同領域，以公務員及學生佔人數最多，有些公務員甚至是特區政府的高級公務員，大家只是有共同信念：保護澳門的世界遺產。「護塔連線」的出現，也得到文化遺產保護團體的協助，加上吸納了多元化專業人士，有助引起社會對東望洋燈塔景觀討論的重視（鄭國強，2010）。事實上，「護塔連線」是將事件推向聯合國教科文組織的重要單位。

公民自發參與，即使不願公開露面，仍控制着整個行動。「護塔行動」主要由民間自發、非正式組織的「保護東望洋關注組」及「護塔連線」牽頭拉動社會關注，要求政府限制樓宇高度，借助媒體表達反對立場，但是參與者懼怕公開身份和公開露面，尤其在當時的社會環境，參與者有部分為特區政府的領導人員，擔心被秋後算帳（胡玉沛，2015），但他們仍願意為保護東望洋燈塔走出來，目的很明確，就是要求政府收回同意在東望洋燈塔周邊興建高樓的決定。

在整個行動中，網絡行動者逐漸掌控話語權，使支持政府的勢力不斷減弱。有些行動者原本支持政策方案，如特區政府、發展商等，但網絡內更多公民反對特區政府的政策方案，要求特區政府改變政策，限制東望洋燈塔周邊的樓宇高度。「護塔行動」的主要行動者詳見表2.1。隨着「護塔行動」升溫，行動者的力量亦逐漸增強，支持特區政府政策的力量不斷被削弱，甚至特區政府原有的執政聯盟，如澳門街坊會聯合總會、澳門工會聯合總會等，不願表態支持政府的政策，具有發展商背景的立法會議員亦公開反對政府的政策，令到特區政府處於弱勢，無法招架「護塔行動」倡議網絡行動者在事件中的影響力。

表2.1 「護塔行動」事件的主要行動者

分類	單位	行動	結果
特區政府	行政長官	批准中聯辦使用136地段	引發超高樓問題
		秘密上京見中央領導人解決問題	被要求解決問題
		頒佈行政長官批示,宣佈限制高度	基本平息事件
	行政法務司司長	在事件初期回應保護世界遺產的責任,沒有解釋問題	推卸責任
	社會文化司司長	事件初期強調關注議題,一直強調特區政府有責任保護世界遺產	沒有具體行動
		多番回應議題受到政府關注,且會跟進,但同時強調有關建築不會對世界遺產景觀造成影響	強調合法,推卸批准高樓責任
		率領代表團到京聽取意見	事件主角由工務部門轉移至文化部門,按中央政府指示修改政策
	社會文化司司長辦公室	發表長文解釋事件	
	運輸工務司司長	批出134地段予私人發展商興建126米高樓宇	引發事件爭議
		回應立法會質詢時強調合法	嘗試忽略議員的提問
		因貪污而被捕	引發公民對樓宇高度批給的貪腐疑慮
		指工務局與文化局商討後決定限制部分地段高度	無法全面平息公民不滿
	運輸工務司司長辦公室	多番強調批出的工程合法及合理,不可因保護世界遺產而城市不發展	企圖為事件降溫失敗
	文化局	初期被動,只強調工程合法即可由工務部門批准	無法介入事件,強調責任關係
		希望介入事件,卻沒有職權	借社會力量介入事件
		實質介入事件,與工務部門商討處理	嘗試解決事件
		強化與工務部門合作	避免同類事件再次發生

分類	單位	行動	結果
特區政府	土地工務運輸局	批出工程准照予發展商	引發事件爭論
		多番宣稱工程批給合法及合理，且不屬世界遺產保護區	無法平息民怨
		態度軟化，表示與文化局溝通	改變立場，不再強調不破壞景觀
		改變立場，由文化局出面處理	事件由工務轉移至文化範疇
		強化日後與文化局的合作	避免同類事件再次發生
	可持續發展策略研究中心	在城市規劃概念研究發表評估意見	回顧及檢討事件
立法會	立法會主席曹其真	批評政府施政不足	議會領導人發言表達不滿
	立法會議員陳明金、吳在權(直選)	書面質詢特區政府解決問題	利益代表與其他商界觀點不同
	立法議員高開賢(工商、金融界)	立法會發言中支持政府限高	
	立法會議員梁慶庭(直選)	書面質詢政府政策	要求政府解釋事件
	工聯(立法會議員關翠杏(直選))	書面質詢政府政策	迫使政府改變政策
	新澳門學社(立法會議員區錦新、吳國昌(直選))	書面質詢政府政策	

（續表2.1）

分類	單位	行動	結果
中央政府	中央人民政府	秘密約見行政長官及中聯辦負責人	要求解決問題
		接收聯合國教科文組織信函，轉發特區政府	派員參與特區政府的跟進工作
	中央人民政府駐澳門特別行政區聯絡辦公室	計劃興建99米高辦公樓	引發超高樓問題
		秘密上京見中央領導人解決問題	被要求降高
		在限高批示頒佈前降低新大樓高度	樓宇高度略低於限制
	國家文物局	高調介入事件，要求特區政府處理	迫使特區政府改變政策
		派員到澳門考察，提供指導意見	要求特區政府按中央政策改變其政策
國際組織	聯合國教科文組織（世界遺產委員會、世界遺產中心、巴黎教科文高教部門主管）	主管人員發表關注意見	給予澳門對事件解畫的時間
		私下到澳門考察	認同澳門保護世界遺產出現問題
		向中國中央人民政府發函，要求解釋事件	經中國中央政府介入澳門事務
		派員到澳門考察指導	
	中國聯合國教科文組織（專家委員會、全國委員會）	主管人員發表關注意見	給予澳門對事件解畫的時間
		派員到澳門作指導	要求特區政府按中央政策改變其政策
商界	博彩公司	獲取放高樓宇的利益，發展博彩業	興建高層樓宇，大力發展博彩業
	地產發展商	獲取放高樓宇的利益，申請在東望洋山周邊興建超高樓宇	引發公民不滿
		事件中沒有明確公開表達支持立場	在背後推動支持政策
		被迫降低樓宇高度	限制發展，向政府追討賠償

（續表2.1）

分類	單位	行動	結果
媒體	平面及電子傳媒	長期發表各篇社論	反對放寬東望洋山周邊樓宇高度
傳統社團	澳門街坊會聯合總會	協助東望洋區小業主反對放寬東望洋山周邊樓宇高度	改變其作為政府管治聯盟的立場，與政府政策唱反調
民主派	民主起動	向中聯辦及政府總部遞信、示威	要求政府改變政策
關注及專業團體	澳門歷史文物關注協會、澳門歷史學會	舉辦兩場論壇，討論事件	
		協助籌組「護塔連線」	成為推翻政府政策的主要推手
	澳門景觀文化學會	論壇	要求政府改變政策
	澳門文物大使協會	媒體表達立場	
	澳門建築師協會	論壇	
非正式組織及公民	「護塔連線」	公開簽名活動	引發公民關注
		製作模擬效果圖，引起大眾關注	激起反對聲音
		向聯合國教科文組織發出電郵	引起該組織發函中央政府
	保護東望洋燈塔關注組	到中聯辦遞信	要求中央政府介入事件
	全澳保護東望洋燈塔聯盟	發起簽名運動，並將簽名電郵到聯合國教科文組織	引起該組織介入事件

（續表2.1）

分類	單位	行動	結果
非正式組織及公民	東望洋區多幢大廈居民（美利閣業主會、友聯大廈業主會、東望洋大廈業主會、松景台大廈業主會、好望閣大廈業主會、美利閣業主會）	舉行記者會、簽名會、遊行示威、遞請願信等，要求政府限制高度	迫使政府改變政策
	一位熱愛這片土地的澳門市民	發函到聯合國教科文組織	引起該組織派員到澳門視察
	一群建築與規劃專業人士	發公開信到特區政府	引起公民關注
	荷蘭園區大廈居民（百老匯中心管理委員會）	發表公開信要求政府就事件表態及改變立場	迫使政府改變政策
專家學者	聖若瑟大學學者	私下向聯合國教科文組織人員投訴	引起該組織派員到澳門視察
	陳明錄	私下提向聯合國教科文組織投訴建議	由聖若瑟大學學者推動

備註：只列出已公開及研究所得的行動者，政策背後的推動者因資料所限，無法列出。

資料來源：作者整理

散播訊息——保護景觀的重要性

網絡的不同行動者相繼採用不同的資訊政治策略，吸引社會大眾參與行動。雖然事件引起社會的廣泛關注，但真正的爆發點是時任運輸工務司司長歐文龍因貪污受賄被捕。歐文龍因在位期間涉及多宗公共工程及土地批給貪污，於2006年12月6日被廉政公署拘捕，引發社會質疑特區政府違法批給土地及建築工程，包括批准在東望洋燈塔周邊興建超高樓宇的工程，並關注官商勾結和官員個人利益衝突的問題。特區政府的管治威信受到重創，同時也為事件擴大社會影響力埋下伏筆。

不同的行動者運用其在網絡內的資源，藉着各種途徑，如互聯網、電郵、社會媒體等，將其保護東望洋燈塔的景觀資訊散發給公民。「護塔連線」主要透過互聯網發表保護東望洋燈塔的訊息，督促政府終止上述工程項目，該組織更於2007年1月17日發佈涉及地段興建高樓後對燈塔的影響的模擬效果圖（見圖2.1、2.2），藉此引起公民的目光注視，引起迴響。雖然這些類比效果圖不是特區政府公佈的資訊，但公民仍選擇認同這些模擬構想圖，相信一旦所有高樓建成後，會對東望洋燈塔景觀造成嚴重的破壞，擔心澳門的世界遺產被除名，促進了公民加入「護塔行動」（胡玉沛，2015）。

保護東望洋燈塔景觀資訊迅速散播。澳門文物大使協會亦代表背後要求發聲的公民，運用媒體表達關注要求，希望政府重視公民聲音，文化局與工務部門加強溝通，讓緩衝區以外的範圍的發展也受到限制，以保護世界遺產的景觀（周慧珠，2013）。

媒體扮演着支持保護東望洋燈塔景觀資訊的傳播者，成功吸引更多公民參與行動。由於媒體幾乎一面倒地支援保護東望洋燈塔的景觀，亦為社會提供了認識議題的重要性。隨着公

圖2.1　由東方拱門望向133–138地段興建高樓後的東望洋燈塔景觀
（模擬構想圖）

資料來源：東望洋（2007a）

圖2.2　由東望洋燈塔望向133–138地段興建高樓後的景觀
（模擬構想圖）

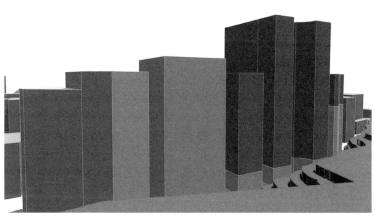

資料來源：東望洋（2007b）

現時從東方拱門望向東望洋燈塔的景觀；一旦興建高樓，景觀將如模擬圖2.1–2.2般被阻擋。

民選擇相信「護塔行動」倡議網絡行動者發佈的資訊，利用各種模擬圖，藉着媒體對興建高樓造成東望洋燈塔景觀的破壞，擴大了公民對行動的信任程度，引起社會對特區政府決策的不滿，亦令更多公民加入倡議網絡，共同反對在東望洋燈塔周邊興建高樓，要求特區政府改變政策。在此基礎下，為行動者進行象徵政治的策略行動，以及擴大網絡的範圍提供條件。

公民行動──強化保護議題

當形成行動者支持限制東望洋周邊樓宇高度後，就要使用多種途徑將資訊散播出去，藉着象徵政治的策略，吸引更多公民參與行動，加強公民參與的效果。與此同時，由於本土行動

未能使政府改變政策的決定，迫使他們運用象徵政治，將議題的倡議網絡跨國化，使聯合國教科文組織參與其中，爭取更大的合法性支持。本節將分析行動者如何利用象徵政治的策略，使倡議網絡變得跨國化。

公民力量——強化保護景觀

　　議題開始受到公民重視，加上媒體的廣泛報導後，行動者掌握了社會對議題的側重點，形成社會運動，利用不同的符號、行動或故事，以及解釋事件，取得公民對行動的認同及支持，實施象徵政治行動策略（瑪格麗特・E・凱克、凱薩琳・辛金克，2005：19）。在「護塔行動」中，不同團體及人士開始推動社會運動，強化公民對東望洋燈塔「被遮（被阻擋）」問題的關注，強烈要求特區政府終止相關工程的批准。當時，行動者組織了一些活動，亦借媒體發表文章，加上媒體認同保護文化遺產的重要性，公民對於文化遺產的保護更為關心及認識（鄭國強，2010）。同時，亦有該區公民自發組織區內居民反對政府的決定，如東望洋區多幢大廈居民在2006年12月下旬率先派出代表，在澳門街坊會聯合總會陪同下，拜訪土地工務運輸局，並向局方遞信，提出以往限制該區興建的樓宇高度，以確保燈塔的景觀視野不受損，在134地段興建的樓宇高度將破壞東望洋燈塔的景觀，希望政府收集資料及評估，以確保世界遺產景觀不被破壞（《華僑報》，2006a）。

　　在行動中較具影響力的公民發佈文字性資訊，讓廣大公民明白保護東望洋燈塔的重要性。署名為「一群建築與規劃專業人士」的一批公民，在2007年1月20日發公開信予特區政府，內容稱因澳門城市規劃不完善，法律不完備，隨意行使自由裁

量權，在133至138地段多幅土地上興建最高達135米的超高層大樓，擔心歷史城區終將淹沒在石屎森林之中，憂慮「澳門歷史城區」被聯合國教科文組織除名，要求政府停止有關規劃，並限制樓宇高度（一群建築與規劃專業人士，2007）。

隨後，支持公民行動的團體協助籌備不同類型的活動，增強公民參與的影響力。澳門歷史文物關注協會與澳門歷史學會舉辦「澳門世界文化遺產文物保護座談會」，討論文化遺產保護如何與經濟發展取得平衡，重點是評論東望洋燈塔周邊的超高樓對燈塔造成的破壞。在泛民團體中，以利建潤為首的澳門民主起動分別向政府總部和中央人民政府駐澳門特別行政區聯絡辦公室遞交請願信，反對放寬樓高限制（《澳門日報》，2007a）。

立法會議員亦支持公民保護東望洋燈塔景觀的行動，他們不論背景，全部沒有支持政府的行動。在過程中，雖然特區政府受到社會壓力後，曾公開明確表態解決問題，但不足以平息事件。如傳統社團的立法會議員、澳門街坊會聯合總會會長梁慶庭向當局提出質詢，要求當局解釋事件（梁慶庭，2006）。立法會議員（商人背景）陳明金及吳在權繼民主派及傳統社團的立法會議員後，於2007年3月21日向當局提出書面質詢，要求當局解釋處理方法（陳明金、吳在權，2007）。

公民對特區政府的回應沒有信心，反而採取更強硬的行動，要求特區政府實質處理問題。2007年1月24日，東望洋區多幢大廈居民與澳門街坊會聯合總會負責人在134地段的地盤拉起橫額，抗議正在興建的樓宇其高度超出燈塔高度，希望特區政府命令該地盤停工（《新華澳報》，2007a）。東望洋區居民代表劉球及胡豔芬與澳門街坊會聯合總會大廈資源管理中心主任溫榮基，在2007年1月26日向行政長官何厚鏵遞交公開信，表達

該區大廈居民對134地段興建的高層大廈的焦慮和不滿，表示高層大廈的高度超過東望洋山體，對東望洋燈塔整體景觀造成嚴重破壞，要求特區政府解決問題（《華僑報》，2007b）。

「護塔行動」中，網絡的共同理念——公民愛護澳門的熱情發揮作用，公民共同要求特區政府重視保護世界遺產。雖然地區大廈居民表達意見及立場，避免阻礙燈塔的景觀，即使有人借保護燈塔之名來確保個人利益，但公民對保護文化遺產的理念沒有改變（梁慶庭，2015）。隨着議題受到公民重視，亦在公民引起迴響。公民在事件中認識到需要重視保護東望洋燈塔景觀的行動，將保護景觀放在道德高地，亦因應其維護的利益，如，將特區政府容許發展商興建高層樓宇的行為界定為「貪污受賄」、「破壞世遺」，並在道德層面上譴責特區政府的行為，指責發展商為了賺錢而破壞澳門的長遠發展，使「保護東望洋燈塔景觀」的議題突顯出來。

「護塔行動」倡議保護東望洋燈塔景觀是對文化的覺醒，也是身分的認同，既是道德的議題，亦涉及法律滯後及特區政府濫用自由裁量等問題（張鵲橋，2015），行動者中較多仍以保護世界遺產的道德觀，展開爭取社會認同。各種行動者的力量在本地議題已佔據了道德高地，將特區政府迫往牆角。雖然公民的文化遺產保護意識增強了，但只單純地從保護文化遺產的角度出發，即使發生城市發展與文化遺產保護的衝突，也可能不足以引起公民的強烈關注。但行動者試圖加入如「貪污受賄」、影響居民生活質素、破壞城市等議題，利用與公民自身相關的利益獲得輿論支持。可惜的是，由於本土的處理方法欠佳，而世界遺產的破壞會引來國際的關注，事作最終變成倡議網絡跨國化。

公民關注──加強訊息議題

　　各種象徵政治的行動策略，為擴大保護網絡奠定了基礎，公民更藉社會運動，讓廣大公民明白保護東望洋燈塔景觀，對澳門保護文化遺產的重要性。社會大眾團體，更落力為公民的行動推波助瀾，務求在社會上引起廣泛的關注。在媒體及民間層面上，各報章開始撰文關注東望洋燈塔被高樓遮掩問題，而立法會議員（親政府陣營）梁慶庭（街坊會背景）及關翠杏（工聯背景）、澳門歷史文物關注協會、澳門街坊會聯合總會、澳門文物大使協會、由民間自發組成的非正式組織「保護東望洋關注組」及「護塔連線」等人士及團體相繼關注這個議題，他們積極反對特區政府將東望洋燈塔附近的樓宇可以興建的高度放寬，採取了如舉辦公開活動及座談會，借助傳媒發聲

「護塔連線」和「保護東望洋關注組」的保護行動

等方法要求暫停東望洋山周邊樓宇工程等行動，要求特區政府保護世界遺產景觀，並希望特區政府及時調整相關計劃，使燈塔免被高樓包圍。然而，特區政府無視民間的要求，最終公民向聯合國教科文組織反映問題，爭取權威、合法性的資源，並擴大了網絡的範圍。

由於保護景觀的議題得不到特區政府重視，公民最終以社會運動的方法，發動保護運動。「護塔連線」在互聯網上發文，邀請公民參與「護塔行動」。他們於2007年2月4日在東望洋燈塔組織公開活動，包括解釋東望洋燈塔的歷史價格、景觀、城市規劃的影響等，約數十名公民參與（《大眾報》，2007a）。該組織成員更不斷撰寫文章，在澳門不同報章發表，解釋興建事件中的高樓對世界遺產造成嚴重破壞（青鋒，2008），後來該組織更發起連署活動，向聯合國教科文組織遞信，該組織更成為將事件獲國際關注的推手之一。同日，本地屬於民主派的新澳門學社向中聯辦遞信，期望中央政府插手此事，雖然99.9米高的中聯辦辦公大樓已在興建，但大樓將遮擋東望洋燈塔景觀，對東望洋燈塔造成無可挽救的破壞（《華僑報》，2007d）。至此，議題開始受國家重視。

另一方面，公民繼續通過各種不同行動要求特區政府表態，暫停「高樓」工程。2007年3月31日，東望洋新街23號美利閣大廈召開分層所有人大會，與會者反對在東望洋燈塔旁興建破壞澳門世界遺產的景觀、比東望洋山體高的「超高」樓，不同意在134地段興建高樓，更不符合澳門整體及長遠利益（《華僑報》，2007f）。2007年4月4日，一群荷蘭園區大廈居民在《澳門日報》撰文，促請特區政府對事件明確表態（一群荷蘭園區大廈居民，2007）。

在背後支持的一群學者，為支持公民的行動，暗地要求跨國行動者參與，使倡議網絡漸趨跨國化。這群行事低調的學者

主要來自澳門高等校際學院（現為「澳門聖若瑟大學」），當中部分學者來自巴黎，與聯合國教科文組織相關官員互有聯絡，他們覺得澳門保護世界遺產存在隱憂，故私下與聯合國教科文組織相關官員聯絡，期望他們派員前往澳門，了解問題（陳明錄，2013）。

公民除繼續進行各種社會運動外，亦以行動要求聯合國教科文組織及中央人民政府介入，形成倡議網絡跨國化，而聯合國教科文組織及中央人民政府最終亦跟進事件。為強化聯合國教科文組織對事件的關注，「護塔連線」於2007年9月再次向聯合國教科文組織世界遺產委員會發函，同時向兩個相關機構發信，呼籲該等組織重視澳門世界遺產面臨被破壞的危機（《華僑報》，2007i）。第三個民間自發組織——全澳保護東望洋燈塔聯盟於2007年9月15日及16日發起簽名運動，尋求公民支持，要求特區政府必須解決樓宇高度大幅超過東望洋山的高度，對東望洋燈塔景觀及文化遺產造成破壞的問題（《大眾報》，2007b）。保護東望洋燈塔關注組代表於2007年10月4日向中聯辦主任白志健遞信，請中聯辦代為向中央人民政府轉達要求，請求中央人民政府關注澳門人民的憂慮，希望當局介入世界遺產景點被「超高」樓宇破壞的問題（《華僑報》，2007j）。該組亦於2007年10月19日舉行簽名運動，收集公民的簽名（《澳門日報》，2007d）。

社會行動持續進行，令事件白熱化，保護東望洋燈塔景觀完全受到社會的重視，更希望聯合國教科文組織親自派員處理。這可歸咎於特區政府無視公民由始至終要求降低134地段的樓宇高度的要求，加上保護東望洋關注組不滿土地工務運輸局的回應。保護東望洋關注組於是將收集了的約6,500個公民簽名，連同申訴信於2007年10月31日電郵給聯合國教科文組織，希望聯合國教科文組織派專家來澳，研究東望洋燈塔周邊的樓宇高度限制（《新華澳報》，2007b）。

上述的行動中已多番提及特區政府沒有確實執行保護世界遺產的政策及措施，加上聯繫其他相關議題，如城市規劃、景觀保護、世遺除名等，使本土的社會運動漸漸增強，社會不認同特區政府堅持的政策理念──依法、合理。另一方面，特區政府不理會民間的要求，公民於是透過各種行動，除了吸納公民參與外，亦希望聯合國教科文組織及中央人民政府介入事件。倡議網絡的參與者被塑造成「保護世界遺產」的角色，提升至愛護澳門珍貴的文化瑰寶的道德高度，從而順利佔據道德高地。當「護塔連線」、保護東望洋燈塔關注組等組織相繼向聯合國教科文組織及中央人民政府發信後，這使原本只受關注澳門文化遺產保護人士所關心的事件，演變成為受到國際關注的公民議題。隨後，聯合國教科文組織及中央人民政府亦先後派員了解詳情。

至此，「護塔行動」的行動者，進一步實現了對事件具有的解釋力，亦使行動者更具影響力，使保護世界遺產的議題得到更大範圍的關注，使議題透過象徵政治行動得到強化，亦令到倡議網絡的範圍擴大，為特區政府造成壓力，令輿論傾向表達行動者的要求。與傳統的倡議網絡的行動者不同的是，這次行動主要透過互聯網絡散播，確保澳門廣大公民，以及聯合國教科文組織及中央人民政府得悉事件，亦為隨後槓桿效應的產生提供了前提條件。

迴鏢效應──試迫政府讓步

在倡議網絡中以較強的行動者強化其影響力，藉此使力量較弱的行動者無法在議題上發揮影響力，從而影響政府的決策，改變符合較強的行動者願望的政策。而這種策略在迴飛鏢模型中起着重要作用。「護塔行動」者如何利用槓桿政策，產

生迴飛鏢的效應，使特區政府作出東望洋燈塔周邊樓宇限高的決定？

槓桿效應——國際組織的施壓

由於特區政府沒有重視公民的要求，公民便採取行動，要求聯合國教科文組織介入，借助槓桿政治的策略，務求達到終止樓宇興建的目的。事件到了中期，特區政府仍然無視公民要求降低134地段的樓宇高度的訴求，署名為「一位熱愛這片土地的澳門市民」在2007年6月26日去函聯合國教科文組織，呼籲該組織評估東望洋燈塔周邊的超高層樓宇問題，並行使權力發出專業指引（一位熱愛這片土地的澳門市民，2007）。

世界遺產受國際監督，公民的行動最終引致聯合國教科文組織採取正式行動，以國際人員身分，前往澳門處理問題。保護東望洋關注組不滿土地工務運輸局的回應，保護東望洋關注組於2007年10月31日將申訴信電郵給聯合國教科文組織，希望聯合國教科文組織派專家來澳後處理（東望洋，2007d）。除了吸納聯合國教科文組織為跨國行動者，更要求中央人民政府作為主權國的代表，加入保護東望洋燈塔的行列，特別需要處理其派駐機構的樓宇。一群關心澳門世遺危機的公民亦於2007年11月24日，向在興建影響東望洋燈塔景觀樓宇的中央人民政府駐澳門特別行政區聯絡辦公室（中聯辦）發出公開信，指責中聯辦作為代表中央人民政府的駐澳門機構，卻帶頭作出破壞澳門世界遺產的行為，在東望洋山腳興建高於該山山體的樓宇，要求中聯辦正視問題，停止樓宇的興建（東望洋，2007e）。

跨國倡議網絡終成形，使網絡更具議價能力，令到公民更能掌握議題。「護塔連線」、保護東望洋燈塔關注組，以及其他組織和人士的舉措，無疑成為整個「護塔行動」的關鍵，亦

對整個跨國的保護東望洋燈塔景觀的行動及其效果產生了最深遠的影響。

迴鏢效應——跨國行動的形成

由於跨國倡議網絡已形成，故在保護東望洋燈塔景觀議題上，有可能產生最大影響力的行動者是聯合國教科文組織及中央人民政府。「世界遺產」是主權國家的行為，一旦澳門的世界遺產被除名，中國的國家形象將會受損。特區政府面對來自國際社會及中央人民政府的壓力，使其原本的政策變得脆弱。聯合國教科文組織為監督世界遺產保護狀況，導致事件由本地議題提升為國際議題的層次，更有組織公開邀請聯合國教科文組織人員來澳。聯合國教科文組織在正式公開露面前，曾私下在澳門高等校際學院的學者協助下，低調實地考察澳門的世界遺產保護情況（陳明銶，2013）。

公民的社會運動也吸引了跨國行動者派員參與，令到整個倡議網絡行動，不單是網絡的溝通，更是實質的互動及合作。澳門歷史文物關注協會、澳門景觀文化學會、澳門歷史學會及澳門建築師協會在中國文化遺產日及澳門申遺成功日的2007年6月至7月期間，舉辦了多場「澳門文化遺產論壇」，提出文化遺產保護與可持續發展的議題，尤其指出東望洋燈塔受到高樓的影響，更有聯合國教科文組織人員來澳參與（《澳門日報》2007b），製造了機會讓聯合國教科文組織人員透過傳媒對事件表態。首位開腔回應的是中國聯合國教科文組織全國委員會秘書長田小剛，他於2007年6月公開指出「政府及市民協調保護世界遺產及城市發展，公民須自覺保護世界遺產。若世界遺產得不到應有的保護，將會受到《公約》的批評及制約」（《澳門日報》2007b）。在這種情況下，「護塔連線」及保護東望

洋燈塔關注組等個人及組織繞過特區政府，直接向聯合國教科文組織及中央人民政府投訴，此槓桿政策的策略很快顯出其有效性。隨後，位於巴黎的聯合國教科文組織高教部門主管塗維莉（Stamenka Uvalic-Trumbic）更於2007年7月公開表態，指出對於澳門沒有全力保護世界遺產感到可惜，並指雖然澳門的世界遺產暫不被除名，但需要處理建築規劃（《澳門日報》，2007c）。而聯合國教科文組織亞太區文化顧問李察·英茲拉迪（Richard Engelhasdt）更指出教科文組織非常關心東望洋燈塔保護，其受威脅程度在2.5至3之間（5點為最高），希望特區政府研究處理，尤其是若人從海上看不到東望洋山燈塔，燈塔便失去意義。

跨國行動者並非直接以行動向政府施加壓力，最初採用私下協商的形式處理，可惜政府沒有理會，才令跨國行動者走到台前，要求政府改善，迴飛鏢效應使行動者由暗變明。特區政府收到聯合國教科文組織的要求後，沒有完全解決整個問題，只是選擇性地回應了公民部分要求，無意全盤處理。特區政府的取態進一步激化了公民的行動。聯合國教科文組織在2007年10月收到保護東望洋燈塔關注組的來信後，聯合國教科文組織世界遺產中心亞太區於2007年11月正式回覆保護東望洋關注組，採取適當的緊急行動，並將檔案交給國際古蹟遺址理事會（ICOMOS）審查和評論（Jing, 2007），正式進入聯合國教科文組織的議程。

跨國行動者不是直接向特區政府反映問題，而是透過其主權國表達。文化遺產保護本屬「一國兩制」的高度自治範圍，但特區政府的不重視，迫使中央人民政府介入干預。特區政府終在2007年11月底，收到經中央人民政府轉發的聯合國教科文組織世界遺產中心信函。世界遺產中心要求中國政府就東望洋燈塔景觀受到周邊建築物高度影響提交報告（《市民日報》，

總部位於巴黎的聯合國教科文組織公開表達對東望洋燈塔保護的擔心

2007e）。聯合國教科文組織由口頭表達意見轉為正式發函，要求中國政府及特區政府交代事件，可說是引爆了國際社會的關注，亦使國家感到震驚。行動者採取的策略相當奏效，令特區政府必須正面及全面回應事件。

跨國行動者採取實際的行動，向特區政府施加壓力，迫使特區政府重視議題，讓文化遺產保護重回軌道。傳媒公開聯合國教科文組織世界文化遺產專家委員會專家曾到訪澳門了解情況。社會文化司司長辦公室發表署名文章，向公民交代國際及國家介入的情況，聯合國教科文組織世界遺產中心主任法蘭西斯班德林在公函中指出，「雖然聯合國教科文組織世界文化遺產專家委員會專家認為澳門沒有負面案例，但需要制定措施保護澳門歷史城區；要求特區政府與國家文物局及中華人民共和國聯合國教科文組織全國委員會的專家溝通，制定解決方案，

處理東望洋燈塔周邊高層建築的問題，並向聯合國教科文組織世界遺產中心提供資料（《新華澳報》，2008）」。

特區政府在倡議網絡受到跨國行動者的壓力，懼怕跨國行動者採取更嚴重的手段，被迫接受改變政策。最後，特區政府於2008年4月制定了東望洋燈塔周邊的樓宇高度，但「護塔連線」對其限制的高樓，尤其是東望洋山腳容許興建90米的樓宇，仍感不滿，在2008年6月再次向聯合國教科文組織發函，再次請其介入及再降低高度（護塔連線，2008），但聯合國教科文組織沒有明顯跡象顯示其再次要求特區政府處理，相信此高度是特區政府與聯合國教科文組織商討的結果。

的確，特區政府容許東望洋燈塔周邊興建「超高樓」，對世界遺產保護造成嚴重傷害。眾多的倡議聯盟行動者的保護東望洋燈塔景觀的行動，佔據了保護文化遺產的道德高地，與特區政府及隱藏在背後的發展商討價還價，是最有效爭取保護世界遺產的策略。

在整個跨國倡議行動中，由於特區政府容許興建的高樓，不存在公共利益，故難以獲得社會認同。「護塔連線」、東望洋燈塔關注組為了保證槓桿的策略有效，不停地加固其與聯合國教科文組織的聯絡，加上澳門高等教際學院學者在背後的協助，槓桿政策最終也得到實質的效應，亦產生了跨國的迴飛鏢效應，通過向聯合國教科文組織、中央人民政府反映要求，使特區政府改變回應的態度，作出限制樓宇高度的承諾。在整個跨國網絡行動中，公民無疑成為最大的獲益者，「護塔連線」、東望洋燈塔關注組等運用其專業知識，將知識化為通俗易明的資訊，讓公民明白保護世界遺產的重要性，亦強化了公民對於保護文化遺產的認同、信念及認知。至於特區政府在事件中的回應態度，將在下一節進一步討論。

政府改變──被迫回應訴求

公民通過各種行動參與倡議網絡，試圖改變政府對東望洋燈塔周邊興建樓宇的態度，令到政府為其政策負責。倡議網絡行動者得以實現其保護東望洋燈塔景觀的方案。雖然特區政府有責任回應社會要求，但整個行動中，特區政府的表現並不積極，開始時更是消極地回應社會要求，成為導致議題走向跨國化的主要原因。本節將分析「護塔行動」者使用其他政治策略後，如何使特區政府因應公民要求，最終在跨國行動者的壓力下，作出東望洋燈塔周邊樓宇限高的決定。

特區政府對事件的處理顯得懶散，完全無視公民的要求，引起強烈不滿，使議題跨國化漸成形。在事件初期，土地工務運輸局局長賈利安在2006年11月3日回覆區錦新的書面質詢時，堅持特區政府的做法正確，將過去的樓宇高度介乎60至90米之間推說為經濟不景，尤其是房地產市場低迷而引致，地產商因經濟發展而申請增加高度，非城市規劃造成，政府已考慮建築物與松山輪廓線的協調（賈利安，2006）。土地工務運輸局在接待東望洋區居民代表時指134地段沒有列為管制範圍之內，所以將按照《都市建築章程》規定作出審批（《華僑報》，2006b）。而文化局於2007年1月23日表示，該局正與土地工務運輸局商討此問題，加強兩者之間的協調，促使平衡社會發展及世界遺產保護（《正報》，2007a）。特區政府各級官員面對民間的反彈力量，加上答非所問的態度，可說是無意理會他們的要求，亦無視問題的嚴重性。他們反覆地指出批准興建的樓宇高度絕不會影響東望洋燈塔的世界遺產景觀，或以各種理由推卸責任。

經過公民的各種社會行動，以及群眾運動，特區政府逐漸發覺問題嚴重，開始關注社會的要求。事件持續升溫，在民

間形成強大的反對力量，尤其要求特區政府將樓宇高度降低，公民開始參與社會行動，特區政府逐漸改變態度。2007年1月17日可說是十分奇妙的一天，無論是行政法務、社會文化及運輸工務範疇的官員均對事件作出回應。社會文化司司長崔世安推說高層樓宇興建涉及多個部門，認為要遵守現行法規處理，他相信樓宇高度不會破壞世界遺產景觀，保護有不同觀點及角度，當局是有責任保護世界遺產及其完整的環境和景觀，並必會按照聯合國教科文組織的指引進行和處理（《市民日報》，2007a）。行政法務司司長陳麗敏更稱特區政府會嚴格遵守世界遺產的規定，以及配合本地法律（《華僑報》，2007a）。運輸工務司司長辦公室主任黃振東則強調特區政府按世界遺產規定及現行法律執行城市規劃及城市景觀的工作，若在文化遺產保護區範圍內會與相關部門溝通，若影響文物周邊，將積極與業權人協商，平衡各方利益；土地工務運輸局局長賈利安指將與業權人磋商能否降低樓宇高度；文化局局長何麗鑽則回應將與土地工務運輸局就不在世界遺產保護區範圍內的建築計劃進行協調和溝通，期望取得平衡，但最終仍是由工務部門審批（《華僑報》，2007a）。

特區政府沒有完全重視社會要求，處理公民的要求更自相矛盾，沒有完整的處理方案，使特區政府處於被動狀態。土地工務運輸局上述兩次回應，既無法釋除公民疑慮，也具有火上加油的意味，兩次回應更是自相矛盾。該局既強調特區政府是依法批出有關工程，及後又指協調降低樓宇高度的可行性。短短半個月之內的轉變，反映出特區政府在公民壓力下，態度有所回軟，但不足以改變政策。更甚者，社會文化範疇的官員直至2007年1月17日才對事件作公開回應。呂澤強更批評特區政府在事件中後知後覺、處事被動（呂澤強，2010）。

特區政府內部處理沒有共識，各說各話，在公民面前，形象完全受損，讓行動者更容易掌握議題的主導權。從行政法務、社會文化，以及運輸工務範疇的官員的回應，可以反映出官員之間的政治矛盾，亦互相推諉責任。一方面，不同官員指依法保護世界遺產環境及景觀；另一方面則強調該等工程均按澳門法規依法批出，亦會重點指出上述工程不會對世界遺產景觀造成影響，希望以「依法」作為理據反駁社會的批評。同時，官員指建築物在世界遺產保護區內才會聽取相關部門意見，否則只需要符合八月十七日第79/85/M號法令《都市建築總章程》的規定即可批出工程，即不將保護區範圍外可能對世界遺產景觀造成的影響列為批給因素。然而，運輸工務司司長辦公室主任黃振東於同日聲稱上述地段不在緩衝區內，故已批出的高樓專案符合澳門法律規定（《市民日報》，2007c）。官員既強調特區政府是依法批出有關工程，及後又指協調降低樓宇高度的可行性。特區政府試圖以「合法」、「合理」等理由，解釋其作出批准興建樓宇的決定，試圖推卸責任。

由於公民組織的非正式組織在行動中佔主導地位，議題的話語權被公民掌握，社會對政府的反應更為不滿。「護塔連線」和「保護東望洋燈塔關注組」等非正式組織相繼出現，爭取擱置在東望洋山周邊興建高樓的計劃，反映民間對於既定的機制不具信心（鄭國強，2010）。面對社會上一面倒的反對聲音，特區政府無力動員建制團體支持特區政府的施政，中央政府曾要求行政長官何厚鏵及中聯辦主任白志健前往北京，與中央政府討論解決此問題，尤其是中聯辦大樓的高度，需要中央政府調停（陳明錄，2013）。社會要求特區政府及中聯辦解決東望洋燈塔被遮擋的問題，重視保護東望洋山景觀。為減輕社會壓力，中聯辦於2007年1月28日向傳媒發出新聞稿，稱其將調整

新辦公樓的高度，使它不超過東望洋山山體，公民對此反應正面（《市民日報》，2007b）。社會文化司司長辦公室隨後發出新聞稿，稱文化局將與土地工務運輸局協調，發出特別指引規範新口岸羅理基博士大馬路地段的樓宇高度，以保護世界遺產（《華僑報》，2007e）。可惜土地工務運輸局局長賈利安仍然堅持特區政府對有關工程的批給合法（賈利安，2007）。

特區政府的決策無法獲得社會普遍認同，難以形成支持的力量，反而倡議網絡更能動員公民參與。即使是一直支持政府施政的傳統社團，還是具有商界背景的立法會議員，均促請政府終止有關工程的批准，並降低樓宇的高度。特區政府面正對施政的困局。接下來事件出現峰迴路轉的發展，運輸工務司長劉仕堯於2007年6月12日向傳媒回應事件，指土地工務運輸局與文化局研究後，即使整體澳門城市規劃沒有明確高度限制，仍決定將羅理基博士大馬路至東望洋的樓宇高度限制回復澳葡政府標準，即不能超過90米（《正報》，2007c）。特區政府的輕微讓步，在於試圖減輕問責，但不足以改變社會的看法，尤其是恢復高度限制，卻對最致命的134地段126米高樓不加理會，無意改變態度，激發公民向其他地方單位提出要求。

倡議網絡的跨國行動者終於採取實際行動，以迴飛鏢效應，向特區政府施壓，要求特區政府解決問題。面對聯合國教科文組織人員的公開喊話，尤其是要求特區政府承擔起保護世界遺產的國際責任、避免受到《保護世界文化和自然遺產公約》制約，以及處理世界遺產保護及建築規則的問題等，特區政府需要解決事件。數日後，即2007年7月18日，土地工務運輸局向傳媒發出新聞稿，強調羅理基博士大馬路往松山隧道方向左側一帶的土地一直不屬世界遺產保護區及緩衝區，經協調後限定樓宇高度不得超過90米（《華僑報》，2007g）。中聯辦主任白志健於翌日回應時肯定中聯辦新大樓將降至低於90米，在高度與公民意見取

得平衡（《華僑報》，2007h）。事實上，中央政府曾召喚行政長官何厚鏵及中聯辦主任白志健往北京解決此問題，尤其是中聯辦大樓的高度，需要中央政府調停。從中聯辦為減輕政治壓力，向公民承諾降低其大樓高度，繼而特區政府宣稱回應社會要求，仍未足以解決公民不滿的問題。即使中聯辦於2007年7月19日宣佈將大樓高度降為89米，特區政府卻不終止發展商的134地段126米高的大廈建築工程，故公民繼續反對。

特區政府面對跨國行動者的壓力，仍沒有採取具體行動，迴避處理核心問題，令跨國行動者採取更進一步行動，引致事件的影響力擴大。特區政府及中聯辦的處理方案，尤其是迴避在134地段興建的126米高層樓宇，不能釋除國際及社會的疑慮。經歷一連串要求聯合國教科文組織及中央人民政府介入事件的行動後，特區政府仍對134地段的建築物高度限制無動於衷。土地工務運輸局局長賈利安於2007年10月24日表示，該局與文化局決定在部分區域限制樓宇高度，規定不可以遮擋燈塔。然而，134地段的126米高建築物不在世界遺產保護區內，不在文化局的職權範圍，故不用聽取文化局的意見，技術人員分析可以接受該高度。該建築物符合城市規則及都市總章程的法律規定，且發展商已預售（即賣「樓花」）部分單位，故不具條件降低樓宇高度（《市民日報》，2007d）。特區政府只是略為修正政策，無意承擔應有的責任。

由於跨國行動者高調介入，借助主權國的行動，以迴飛鏢效應，令特區政府屈服。社會不認同最受關注在134地段興建126米高建築物處理方法，亦感特區政府無意處理，最終引起聯合國教科文組織的高調介入。因主權國家才可將文化遺產列入《世界遺產名錄》，所以聯合國教科文組織只會與中國中央人民政府溝通，使中央政府再次插手處理。聯合國教科文組織亦已公開要求特區政府正視該問題，並釋除公民疑慮，但是社

會文化司司長崔世安於2007年11月28日接受傳媒訪問時，卻老調重提，指特區政府保證可從三個角度望見東望洋燈塔，而文化局與土地工務運輸局已協調降低超高層樓宇的高度，惟已預售部分單位，故存在困難（《市民日報》，2007e）。這間接說明特區政府有意按之前計劃，只限制東望洋山腳樓宇高度不得超過90米。

事實上，文化部門希望關注團體表達更多聲音，因公共部門之間的溝通協調不容易，本事件不屬世界遺產保護區範圍內，文化部門沒有職權干涉，故借助外界聲音，增強文化部門的話語權。具有職權保護世界遺產的特區政府部門，在事件中缺乏角色，成為了代罪羔羊（周慧珠，2013；林發欽，2010）。

由於跨國行動者已在國際舞台表達關注，亦有具體行動跟進問題，特區政府無法再迴避核心問題。自特區政府公開聯合國教科文組織世界遺產中心的觀點後，可以理解為聯合國教科文組織不單要求特區政府處理東望洋山腳的高層建築，更要求跟進東望洋斜巷的134地段的樓宇高度限制。特區政府不能再以限制東望洋山腳樓宇高度，以及合法、合理為由，解說134地段興建126米高建築物，需要重新審視議題，迫使特區政府全面承擔事件的責任。

借助迴飛鏢效應，特區政府需要向中央人民政府交代問題，以便國家代表澳門向國際社會解釋問題，以及最終解決方案，中央人民政府亦不因文化事務屬特區高度自治的事務，不再受兩者關係影響，主導政策轉變。在聯合國教科文組織以官方檔要求跟進後，在中央人民政府召喚下，社會文化司司長崔世安於2008年1月16日率領澳門的文化及工務部門官員，前往北京拜訪國家文物局和中國聯合國教科文組織全國委員會，聽取

有關領導對修改方案及法規的指導意見，以及諮詢國內外世界遺產專家的看法。同時，國家文物局和中國教科文組織全國委員會派出專家，協助特區政府調整東望洋山周邊規劃（《澳門日報》，2008a）。社會文化司司長崔世安返澳後，運輸工務司司長劉仕堯於2008年2月20日出席立法會會議，回覆議員口頭質詢時，沒有透露如何解決東望洋山腰的建築物高度問題，仍老生常談限制羅理基博士大馬路山邊的樓宇高度不超過海拔90米，使公民在外港碼頭、金蓮花廣場、塔石廣場及大炮台等主要地點能看到東望洋燈塔（稱為「三條走廊」）（《華僑報》，2008）。

最終，迴飛鏢效應取得成功。當社會密切注視事態發展時，2008年4月16日，印務局發行第15期《澳門特別行政公報》一組副刊，公佈行政長官何厚鏵已於2008年4月11日簽署第83/2008號行政長官批示，宣佈訂定東望洋燈塔周邊區域興建樓宇容許的最高海拔高度，自2008年4月17日起生效（印務局，2008，見圖2.3）。該份公報更是澳門史上首份全彩色印刷的公報。

特區政府對東望洋燈塔周邊區域制定新的高度限制，可視為聯合國教科文組織及中央人民政府向特區政府施加壓力的結果。按第83/2008號行政長官批示規定，東望洋燈塔周邊約2.8平方公里範圍內的新建樓宇，分為11區作高度限制，其中新口岸填海區及羅理基博士大馬路東望洋山腳部分區域樓宇限高90米，四個區域內建築物限高海拔46至47米，山腰部分限制為52.2米（印務局，2008）。中聯辦大樓已降低高度至89米，故工程不受影響；然而，134地段的建築高度降至52.5米，特區政府要求興建中的126米「超高」樓宇即時停工，並需要降低高度（《澳門日報》，2008b）。事件到此暫時平息。若沒有公民的參與，私下或公開要求聯合國教科文組織介入，引致聯合國教科文組

圖2.3　第83/2008號行政長官批示規定的東望洋燈塔周邊限高範圍（共11區）

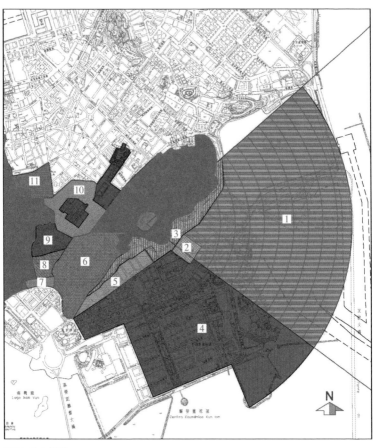

松山燈塔

世遺保護區

受第 83/92/M 號法令管制之區域

資料來源：印務局（2008）

問責。最終在聯合國教科文組織及中央人民政府介入後，特區政府為事件承擔全部責任，改變政策，以符合公民的期望。

公民參與──文保的勝利

本章以「護塔行動」為例，試圖探討公民如何通過公民參與，以迴飛鏢的模型保護東望洋燈塔景觀的形成及發展，反映了倡議網絡建構了公民參與的形式，以及公民如何透過參與的過程，啟動了跨國組織介入的大門。本章討論了公民在特區政府不願意改變政策，遂繞過特區政府，通過聯合國教科文組織及中央人民政府，迫使特區政府從原來強硬的態度，改為與聯合國教科文組織等協商後，改變政策的決定。在這次行動中，「護塔行動」的迴飛鏢模型，由議題的構建，到資訊政治、象徵政治及槓桿政治等策略行動，迫使特區政府問責回應（見圖2.4）。

首先，倡議網絡在文化議題中發揮了影響力，形成公民參與形成的前提條件。在最初的階段，公民對於保護東望洋燈塔景觀的意識尚未確立，隨後「護塔行動」、保護東望洋燈塔關注組等組織出現。是次行動爭取的是保護澳門的文化，維護的是意識形態，屬於抽象的概念。直至歐文龍貪污事件令公民對特區政府的施政失去信心，運輸工務司司長歐文龍於2006年12月6日因為貪污受賄被捕後，引發起社會對特區政府管治威信的質疑。因為澳門在2014年3月1日或之前，沒有《城市規劃法》，歐文龍濫用自己具有批給土地及工程的職權，進行官商勾結，將土地及工程批給予提供利益的公司，從而收賄索賄（永逸，2007）。歐文龍批准新口岸地段的多座大廈的興建，高度可高於東望洋山燈塔，在社會上更引起了軒然大波（立

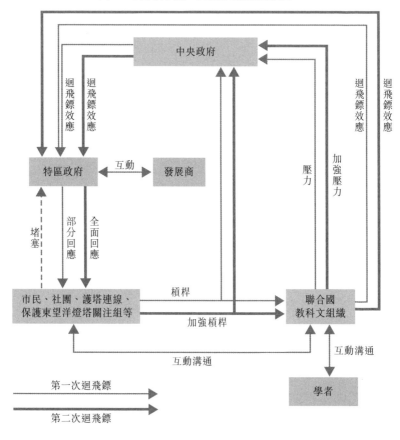

圖2.4 「護塔行動」的迴飛鏢倡議網絡模型

資料來源：筆者自繪。

織要求中央人民政府跟進，即使公民要求中央人民政府干預，特區政府亦不會改變立場，亦得不到此結果。因此，本事件可說是公民爭取的勝利。

在整個行動中，特區政府最初以各種理由推卸責任，在公民以各種行動擴大倡議網絡後，保護東望洋燈塔景觀的議題漸受社會重視，逐漸令特區政府為事件承擔責任，被行動者要求

言，2007）。歐文龍貪污案更引起社會對特區政府在處理有關政策的做法不滿，為接下來的民間反對東望洋燈塔周邊興建「超高」樓宇埋下伏線，亦令社會更容易站在道德高地，強硬要求特區政府保護世界遺產。歐文龍貪污案出現後，保護東望洋燈塔的議題在社會上迅速升溫，各樣社會行動相繼出現。不同團體及人士開始組織相關社會運動，站在道德立場，推動社會關心東望洋燈塔「被遮」問題，要求特區政府維護澳門的歷史文化，停止相關工程。

其次，倡議網絡透過公民的社會運動而形成，達到公民參與的成效。公民以個人組織參與，並由群眾自行組成非正式組織參與。再者，公民採取群眾運動的方法，形成倡議網絡的施壓方式。在策略上，公民參與的過程是逐步升級，而非簡單的一次性行動。在整個事件中，特區政府由最初不願讓步，到作出「腰斬」建築物高度的決定，事件的發展可說是峰迴路轉。東望洋燈塔周邊樓宇的高度規劃，最終經過兩次修改，才獲得民間接納。因此，事件的倡議網絡採取了行動逐步升級的策略，相關行動者最初只簡單地向特區政府表達要求，但特區政府沒有充分掌握民意，更沒有認真地尋求共識。本地組織動員後，無法改變特區政府的政策，本地組織向上溝通的渠道被堵塞，部分積極的行動者利用資訊政治策略，進一步擴大網絡範圍，最終在本地社會形成保護東望洋燈塔景觀的共識。事件由發展初端到聯合國教科文組織發函關注前，長達一年多，特區政府沒有認真看待社會的要求，只以「合法及合理」的理由推卸責任，反覆強調政策符合澳門的社會發展。特區政府即使調整政策，亦只是輕微讓步，沒有顧及最受爭議的部分——在134地段興建超高層樓宇。結果，民意的反彈更大，迫使部分學者及關注人士私下或公開地向聯合國教科文組織投訴特區政府處理不當，才使特區政府在聯合國教科文組織及中央人民政府的介入後，按照高層的指示修改政策。

由於特區政府缺乏公民參與澳門文化遺產保護的渠道，導致公民行動跨國化。公民參與的社會運動成功，完全憑藉互聯網絡及社交媒體擴大參與力量。公民首先採用匿名參與，以非正式組織、網絡化及匿名的形式出現。在倡議網絡擴大的階段，「護塔行動」的行動者藉着構建的非正式組織來推動。在事件中存在着很多隱藏在非正式組織背後，但具有專業、權力或社會地位的高層人士，他們為免被「秋後算帳」，大多不願公開身份。與一般倡議網絡運用非政府組織與媒體作為重要變數的不同。雖然不知道大多數的「護塔行動」行動者姓甚名誰，但他們在過程中卻扮演發揮着重要的角色，以網絡媒體吸引社會大眾關注事件，他們發表的大多數言論，均以「一名ＸＸＸ」為署名。最終藉着非政府組織向聯合國教科文組織投訴，利用此作為博奕的籌碼，同時運用資訊政治與象徵政治的策略，使特區政府長期依靠的管治聯盟不能發揮角色功能及作用，大大削弱其影響力。

　　更甚的是，公民參與動搖特區政府的管治聯盟。民間自發組織要求特區政府停止建築工程，並且獲得親政府的傳統社團支持，特區政府的管治聯盟受到動搖。一直支持特區政府施政的建制陣營團體，如傳統社團的澳門街坊會聯合總會，在事件中沒有站在支持特區政府政策的一方，反而一直支持維護東望洋燈塔景觀的街坊群眾，或者不表態，而有利於發展商的團體立場亦沒有明顯表態支持。事件反映出若特區政府的施政方向及制定的政策，與公民的期望存在較大落差，或者偏重於某一方的利益而忽略公共利益，建制陣營的團體在基於民意的壓力及立法會選舉選票的考慮，需要放棄站在特區政府的立場，不為特區政府保駕護航。由於擔心個人身份曝光後會引起不利自己的影響，故以非正式組織配以網絡媒體，引起國際組織的關注。

最後，在「一國兩制」的原則下，倡議網絡可對屬非主權國家的澳門產生影響，使澳門特區的公共管治更容易受到國際社會的壓力。公民充分利用中國在國際社會上的地位。非正式組織的槓桿政治能有效且產生迴飛鏢效應，與中國的國際社會地位及政治立場有密切關係，需要協調處理國際議題上的「一國兩制」中央與特區關係。特區政府在初期不願意解決問題，基於他們的看法認為此事件只是小事，以為時間可以淡化社會的壓力，故希望社會認同特區政府的行動是「合法」及「合理」。然而，隨着事件升溫，公民參與的深入，要求聯合國教科文組織介入事件，迫使中國政府回應。中央人民政府考慮的是國家的國際聲譽不受損害，避免因此事導致國家受到外國勢力的滲入，影響國情，有損國體，故絕不容許澳門的世界遺產被除名，不會考慮維護澳門少數人士的利益，加上涉及中央人民政府派出的駐澳門機構，更讓中央人民政府「出手」。即使澳門實行「一國兩制」、「澳人治澳」及高度自治，中央人民政府亦毫不客氣，介入屬於主權國行為的世界遺產議題，公民要求特區政府重視及解決問題。中央人民政府要求特區政府及發展商犧牲經濟利益，以換取國家的國際形象及國際地位是必要及值得。

「護塔行動」中的公民參與，需要結合考慮澳門的政治社會情境，更要避免藉着社會行動，發揮倡議網絡的作用。特區政府不願意理會公民的要求，公民改為直接向上級政府——中央人民政府與聯合國教科文組織表達意見。特區政府略作回應，但答案不能滿足社會要求時，公民會將行動升級，繼續要求國際組織介入，可以看出其模式是逐漸升級，而非只與有關組織作出單次性行動。在處理此類議題時，世界遺產既是主權國行為，但保護文化遺產卻是地方事務，需要策略性地協調澳門作為中國「一國兩制」的管治關係下的情況，如何在「澳人治澳」、高度自治之間取得平衡，避免引起不必要的尷尬。

3

守護路環行動
本土倡議策略

申建高樓——引發保護行動

經歷了「護塔行動」事件，社會對於保護文化遺產的意識提升至一定層次，事件也喚醒了公民的保護訴求。然而，「護塔行動」後，公民對於保護文化遺產的聲音又漸趨平靜，除了常規參與者外，一般大眾的介入似乎減少了。這故然是因為被關注的議題缺乏「亮點」，但同時也因為受社會其他議題影響，導致保護失敗，而當中以保護望廈兵營，因「讓路」興建公共房屋，最終被拆卸，公民的參與也走進了低潮，直至「守護路環行動」的發生。

「守護路環行動」為2013年1月29日開始爆發的一件由保護軍事哨站（堡壘），往後延伸為保護路環山體及環境的事件，至2018年4月仍未有正式結果，事件也由文化遺產保護的層面延伸至城市規劃及環境保護的爭議。

路環島是澳門最南面，面積為7.6平方公里的島嶼，是澳門四個部分（澳門半島、氹仔島、路環島及路氹填海區）中最大的一個島（統計暨普查局，2017b：30），2016年中期人口統計常住人口為26,889人（統計暨普查局，2017a：26）。路環島由多座小山丘組成，當中有一座疊石塘山高170.6米，是澳門的最高點（統計暨普查局，2017b：22–23）。路環島主要作為澳門休閒旅遊開發區，並制定了6個整治規劃和郊野保護區加以控制保護（土地工務運輸局，2013）。因此，路環保持原本的自然風光，有大片的綠化山地及天然海岸，設有步行徑、燒烤區及效野公園，故被稱為「澳門的市肺」，成為澳門居民的休閒勝地（吳志良、楊允中，2005）。

澳門政府有多條法規規限路環島的發展，同時視部分地區為文化遺產。根據十二月二十八日第83/92/M號法令修改的六月三十日第56/84/M號法令附件IV所載，位於路環的十月初五街及

路環島海拔高度80米屬於文化遺產保護的已評定之地點，地點內具有意義的形狀、美麗或罕有的樹木而成為大眾關注，不得對其砍除或修剪（政府印刷局，1984：1390–1397）。此外，澳葡政府於1981年9月19日公佈九月十九日第33/81/M號法令，規定路環島設定177,400平方米的土地劃為生態保護區，以作為植物品種的科學研究，以及保護、改善及多樣化澳門的林木（澳門政府官印局，1998a：1008–1011）。隨後，澳葡政府於1984年4月28日公佈四月二十八日第30/84/M號法令，將保護區面積擴大為198,060平方米（澳門政府官印局，1998b：1008–1011），但在1999年海島市市政廳因興建工廠及停車場而將保留地面積減少至196,225平方米（澳門政府印刷署，1999：54–56）。時任國家副主席習近平於2009年1月訪問澳門期間，提出澳門在路環島開發的指示為「按照生態保護的原則開發，即基本上發展和保護同時進行。澳門的發展要將濃郁的歷史特色和現代時期有機地結合起來」（《澳門日報》，2009）。

澳門經過長期的發展，路環仍然維持其風貌，但自2009年後卻面對急速轉變。石排灣及九澳一帶自1970年代起分別作為石礦場、工業、發電廠及污水處理廠等用途，狀況維持了三十多年。直至2009年，特區政府宣稱為配合政府所制定的公共房屋政策，土地工務運輸局制定《路環島石排灣區的都市化計劃》，確定路環石排灣石礦場一帶約30萬平方米的土地，即路氹城以南，背靠石排灣郊野公園、東接九澳高頂馬路、西鄰一路之隔的地段作重新劃分及改為可以容納6萬人口居住的生活社區，主要作為興建公屋用地（土地工務運輸局，2009），上述都市化計劃直至2013年仍未完成編制（《華僑報》，2013b），但發展已開展。同時，該地區內有相當部分的地段，特區政府以不同理由，如土地收回作出補償、社會發展轉變等，將土地續批予原承批人，或者透過批給所衍生的權利轉讓另一公司等方

法，以興建多座百米高的豪宅。自此，路環島開始面對因都市化計劃而帶來的環境保護危機。

2013年1月29日，文化遺產保護團體——澳門文物保存修復學會向傳媒表示，路環老居民反映位於田畔街、路環媽祖文化村旁、與荔枝碗相鄰的土地正被圍板），該土地的業權人之一為商人、全國政治協商會議委員蕭德雄（地段編號為1210.005）。根據土地工務運輸局局長於2012年3月2日簽發的《街道準線圖》（圖3.1），特區政府批准該地段的「土地用途為非工業，樓宇可以興建的最大許可高度為海拔100米，最大許可淨地積比率為八倍，裙樓最大許可高度為13.5米，計算該樓宇高度的街影面積在路環高頂馬路（北面）、路環高頂馬路（南面），以及石排灣馬路和田畔街分別為1,372平方米、153平方米及8,105平方米。同時，該地段的裙樓頂層除作垂直交通外，必須架空作綠化休憩區，但塔樓底部可作住宅的共有設

2013年路環田畔街地段狀況

圖3.1 路環田畔街《街道準線圖》

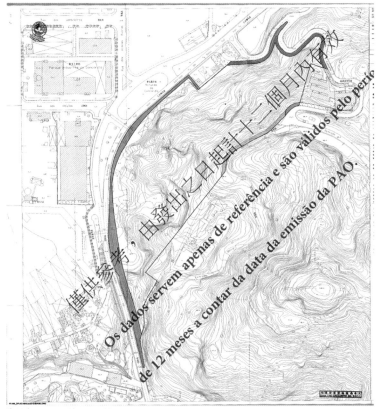

資料來源：地圖繪製暨地籍局（2012）

施，如會所，而露天部分必須作綠化設計，植物種植面積不應少於露天面積的50％，面向石排灣馬路和田畔街的塔樓立面最大連續寬度為70米，而每座塔樓之間的距離不少於塔樓高度的六分之一。與此同時，土地工務運輸局要求發展商須負責興建地界範圍內必要的擋土牆及去水等相關基建工程，當遞交工程計劃草案時，須一併提交環境、交通及建築景觀的評估報告供相關部門審核，亦須在建築計劃內提供保護環境的技術解決方

法，而建築物必須預留位置安裝冷氣機，並須解決冷氣機去水問題，同時遵守澳門特別行政區現行的一切建築條例與法規，包括由土地工務運輸局發出的行政指引（地圖繪製暨地籍局，2012）」。該《街道準線圖》有效期為一年，如果發展商趕在第12/2013號法律《城市規劃法》於2014年3月1日生效前獲批准，將可興建一座削路環山體，並遮蔽路環部分山體的高樓，影響路環的自然景觀。

　　該土地內有一座約建於1933年，具有八十多年歷史的軍事哨站，曾有非洲裔的葡兵在那裏駐守，直至1976年葡兵撤離澳門。哨站亦可反映澳葡政府由約1860年開始如何不停侵擾氹仔路環，到清末1910年時正式佔據路環的歷史狀況（《華僑報》，2013a）。該哨站實為「機槍堡」，葡國人在1910年以反海盜為藉口武力佔領路環島，並在疊石塘山腳興建（黃東，2013）。該區老居民擔心因田畔街哨站尚未納入《文化遺產保護清單》而不受保護，將來會被拆毀。澳門文物保存修復學會會長陳志亮指該哨站可與政府有計劃保護、活化的荔枝碗船廠等地一併保護和活化。文化局則稱該局已關注哨站的保存狀況，已派員視察及聯絡相關人士，將按情況及時採取適當措施（《正報》，2013a）。土地工務運輸局確認該地段為私家地，並

位於路環田畔街土地的哨站，具歷史意義

已發出街道準線圖，可建樓宇最高海拔100米，與鄰近石排灣公屋及聯生工業村高度相若，當中部分土地將交還特區政府納入公產，而發展商須向特區政府提交環境、交通及建築景觀評估報告，亦須在建築計劃內提出保護環境的技術解決方法（《新華澳報》，2013）。該地段自1903年起已登記為私家地，地段面積56,592平方米，由山腳至海拔50米範圍均涵蓋（《澳門日報》，2013g）。然而該地段為私家地卻受到質疑（《力報》，2013）。因此，路環該地段的山體將面臨被削山發展的危機，上述的法規亦沒有覆蓋相關上述地段範圍，故不受文化遺產保護的地點保護區限制。

由於有發展商打算在路環田畔街地段周邊興建高樓，特區政府亦批出相關的《街道準線圖》，容許發展商興建高層樓宇，阻礙路環山體的保護，由於公民在事前不知道相關發展計劃，再次引起公民對於政府的決策不滿，公民在事件中的參與管道不足，再次形成倡議網絡，推動「守護路環行動」，吸引公民參與，迫使特區政府暫緩相關政策。

守護行動——形成與擴大

「守護路環行動」事件在公民層面浮現後，很快受到社會公民的重視，社會上很快地凝聚保護路環哨站及山體的力量，相關行動者亦採取了資訊政治的策略。該股力量亦越來越強大，逐漸取得整個行動的話語權，形成社會上支持保護路環山體的力量，不希望以興建高樓取代山體。本節將討論「守護路環行動」的行動者的形成，以及其採用的要求限制樓宇高度得以擴大的策略。

行動網絡——吸納與形成

公民因對文化遺產保護的理念增強，更主動及自行參與保護行動，相關的關鍵行動者在事件初期已出現。資訊溝通管道的不足，令公民無法在批出《街道準線圖》前，知道問題所在，事件的發生是偶然的。當相關文化遺產保護團體表達關注，加上媒體的報導，很快凝聚了一批關注路環保護的公民參與行動。事件初期，由於發展商欲發展田畔街的地段，路環老居民擔心碉堡哨站被破壞，故引起了歷史文物關注團體的留意。林翊捷在回顧「守護路環行動」時透露，公民知道此事件是意外，因根據當時的法律，發展商申請《街道準線圖》後，地圖繪製暨地籍局只會把該《街道準線圖》上載至地籍資訊網，不需要諮詢公民。當時剛巧有老居民表示該地段存在，在翻查網頁上資料時，發現了土地工務運輸局已發出《街道準線圖》，才引爆事件（林翊捷，2015）。

利益持分者沒有充分掌握公民對議題的關注點，提出激烈的言論，為事件火上加油。澳門政法學會及發展商蕭德雄的言論更激起公憤。2013年2月1日，澳門政法學會於《澳門日報》刊登廣告，宣稱：

> 若保留帶殖民地色彩軍事設施，即等同變相保留殖民主義權力象徵，故呼籲愛國愛澳人士支持拆除日前在路環疊石塘山發現的前葡軍哨站（澳門政法學會，2013）。

澳門商人、全國政協委員蕭德雄在回應傳媒時指「破壞不止我一個！因項目受關注已遞交了建築圖則，會堅定不移發展，冇得（不會）轉彎，一切依法。這是法律賦予的權力，《澳門特別行政區基本法》保障私有財產（《澳門日報》，

2013h）」。這番不當的言論導致社會矛盾加深，亦催化了倡議網絡快速形成。上述言論引起社會的反感及不滿，觸及公民神經，引發社會參與保護路環實際行動，尤其是公民的個人自發參與，增強了公民參與力量。於是，宣稱「我們是一群沒有任何政治背景、熱愛這個城市的澳門市民」的「一群愛護澳門環境的人」自發於2013年3月17日在社交網站臉書（Facebook）設立「守護路環」專頁（www.facebook.com/greencoloane），號召公民在3月24日參與「守護路環」行動，藉此反思對路環及整個城市演化過程中所付出的代價（守護路環，2013）。

公民自發參與行動，強調個人參與為行動的本質，避免團體的左右及壓力。「守護路環行動」的參與者多為個人身分，參與者多為音樂人、少部分是政團、年青參政團體成員、民主派的成員、立法會議員、時事評論員，當中以文化人居多，如詩人、音樂人、戲劇及作家，也有教師，亦有一家大小，而媒體則為記錄者。是次社會運動的參與者屬較新鮮人士，多為平時不直接參與政治的人，以年青人及新一代為主，新鮮人走出來代表背後很多人意識的轉變，他們有時間、熱誠及情緒高漲，反映澳門人愛澳門，關心環境及文化遺產保護，保育自然比經濟發展更重要（湯榮耀，2015）。

倡議網絡終於形成，成功吸納社會各階層人士自發及主動參與，尤其是年青人，公民對議題更掌握話語權。雖然特區政府、發展商等支持原本的政策方案，但更多公民反對特區政府的政策方案，要求特區政府不可以批出有關工程，保護哨站及限制路環山興建的樓宇高度，形成「守護路環行動」的倡議網絡。守護路環的主要行動者詳列於表3.1。隨着「守護路環行動」升溫，行動者的力量亦逐漸增強，支持特區政府政策的力量亦不見蹤影。特區政府的執政聯盟，如澳門街坊會聯合總會、澳門工會聯合總會等，也同樣沒有表態支持政府的政策，

表3.1 「守護路環行動」事件的主要行動者

分類	單位	行動	結果
特區政府	運輸工務司司長辦公室	回應政府重視環境與保育	希望為事件降溫
	文化局	回應重視保護軍事設施	介入事件
		為哨站保護進行評估	嘗試解決事件
	土地工務運輸局	批出工程准照予發展商	引發事件爭論
		多番宣稱工程批給合法及合理，且不屬世界遺產保護區	無法平息民怨
		態度軟化，表示與文化局溝通	改變立場，不再強調不破壞景觀
		改變立場，由文化局出面處理	事件由工務轉移至文化範疇
		強化日後與文化局的合作	避免同類事件再次發生
	環境保護局	製作環境評估報告	執行所屬職責
商界	澳門商人、全國政治協商會議委員蕭德雄	獲取放高樓宇的利益	引發公民不滿
	立法會議員陳明金、麥瑞權（直選）	書面質詢特區政府解決問題	要求政府正視問題
傳統社團	工聯〔立法會議員關翠杏（直選）〕	書面質詢政府政策	迫使政府改變政策
民主派	新澳門學社〔立法會議員區錦新（直選）〕	書面質詢政府政策	迫使政府改變政策
	立法會議員高天賜	要求對保護路環山體的九月十九日第33/81/M號法令進行解釋	失敗告終
	甘雪玲	拍攝短片，吸引社會目光	有約7,500人次瀏覽
關注及專業團體	澳門文物保存修復學會	邀請媒體報導、聯絡街坊	吸引社會關注事件
	大律師飛文基	批評澳門政法學會言論失當	要求政府改變政策
	澳門文物大使協會	媒體表達立場	要求政府改變政策
	澳門歷史學會	批評澳門政法學會言論失當	要求政府改變政策
自發組織及人士	一群愛護澳門環境的人	舉辦「守護路環」行動	引起社會關注路環保護
	新澳門學社背景的青年曾家文，以及年輕設計師何潤建	公開收集公民簽名	收集超過1,600名公民支持，意見冊達128頁

備註：只列出已公開及研究所得的行動者，政策背後的推動者因資料所限，無法列出。
資料來源：筆者整理

具有發展商背景的立法會議員亦公開反對政府的政策，再次使特區政府處於弱勢，無法招架「守護路環行動」行動者在事件中的影響力。

散播資訊——保護山體的重要性

事件快速擴散，行動者繼續透過媒體，吸引社會大眾參與行動。行動者運用網絡上的資源及途徑，如互聯網、電郵、社會媒體等方法，將保護路環山體及哨站的資訊散發給公民。

行動者在社會人士的支持下，更容易將保護路環山體的資訊，向公民散播，令公民向政府施壓。在澳門文物保存修復學會表態要求特區政府重視後，澳門文物大使協會亦呼籲特區政府合理保留哨站（《澳門日報》，2013a）。立法會議員馬上跟進事件，區錦新、關翠杏、高天賜、麥瑞權、陳明金等先後批評特區政府的作為。商界背景、與蕭德雄關係密切的立法會議員麥瑞權指出需要科學論證事件（《澳門日報》，2013c）；立法會議員高天賜則指出應在《城規法》及《土地法》頒佈後才批出工程（《澳門日報》，2013b）；具有商界背界的立法會議員陳明金則認為特區政府須詳細說明（《澳門日報》，2013e）；立法會議員區錦新批評特區政府缺諮詢而立法會議員關翠杏認同特區政府應先凍結工程（新聞群組，2013）。

公民與社會人士有共同的理念，使倡議網絡更快速形成，有利吸引對文化遺產保護關注的人士，加入網絡。明顯地，眾多立法會議員認為特區政府不應在第11/2013號法律《文化遺產保護法》、第12/2013號法律《城市規劃法》及第10/2013號法律《土地法》出台前批准工程，而在發展商還未提交環境評估報告前，批出《街道準線圖》及圍板工程並不合理，政府有必

要終止工程。他們認為興建高度必須審慎研究，不可以石排灣公屋高度為標準，更不可破壞原有山體，而政府不能以「無規範、無法律」為藉口，促特區政府公開說明，釋除疑慮。

特區政府即使嘗試為反對保護的言論降溫，也無法瓦解倡議網絡。受到澳門政法學會的言論影響，曾任澳門政法學會會長的澳門生態學會會長何偉添試圖為事件降溫，希望不同團體可通過討論達成共識（《澳門日報》，2013d）。

社會一面倒反對削山聲音，相關的資訊更漸趨激烈，批評政府不作為及缺乏承擔，也形成公民共同保護路環山體的信心。澳門歷史學會理事長陳樹榮則指不應把事件政治化，哨站應受到保護，且在澳葡政府時代已確定將路環列為自然保護區，不允許興建高樓大廈及破壞山體（《正報》，2013b）。軍事評論員黃東及學者陳卓華更批評澳門政法學會的言論荒謬絕倫、「左毒上腦」，指該建築物須受到保護，亦批評特區政府和商人為了利益可以犧牲所有東西（《市民日報》，2013a；陳卓華，2013）。大律師飛文基指「現行無法律不代表政府有義務一定要批」（《市民日報》，2013b）。

媒體的角色佔有相當的分量，媒體在過程中起着推波助瀾的作用。媒體的報導幾乎一面倒地支持保護路環山體，亦為社會提供了認識議題的重要性。運用了社交媒體的力量，更易將資訊向公民發放，佔領了道德高地。隨着公民選擇相信「守護路環行動」行動者發佈的資訊，藉着媒體對興建高樓造成路環山體及哨站的破壞，擴大了公民對此的信任程度，鼓勵了公民參與行動。有參與者表示，他亦是透過互聯網絡及媒體的報導後，認同了保護的重要性，希望保留淨土，使澳門的綠地不受破壞，他又鼓勵身邊的朋友參與行動。另外，也有參與者因這次行動沒有政治色彩而支持（湯榮耀，2015；張家樵，2015）。

經過媒體廣泛報導後，因公民普遍對特區政府的決策不滿，更多公民加入倡議網絡，共同反對在路環削山興建高樓，要求特區政府改變政策。在此基礎下，為行動者進行象徵政治的策略行動，以及擴大網絡的範圍提供條件。

公民參與——迅速推展行動

當網絡形成行動者支援保護路環哨站及山體後，藉着象徵政治的策略，行動者快速啟動了社會運動，吸引更多公民參與，加強公民參與的成效，把保護路環的資訊，更快捷地向公民傳播。雖然這次保護的範圍不在澳門歷史城區，但聯合國教科文組織已要求特區政府儘快完成制訂《城市規劃法》及修改《文化遺產保護法》，而在「護塔行動」後，跨國的網絡已形成。特區政府為免聯合國教科文組織再次介入保護文化遺產的問題，沒有批准有關工程，避免令議題網絡跨國化，本土行動奏效。

社會運動——催化保護力量

隨着守護路環的議題快速受到公民重視，以及經過媒體的廣泛報導，行動者迅速地掌握公民認同保護路環山體及哨站，從而推動各種象徵政治行動策略，利用不同的符號、行動或故事，以及解釋事件，加強公民認同及支持行動。

行動中較核心的公民，迅速採取行動，成立社交網站的專頁，即時發起社會運動，吸引公民參與保護行動。「一群愛護澳門環境的人」以社交網站臉書（Facebook）成立的「守護路環」專頁，發動公民參與於2013年3月24日下午2時30分至6時

在石排灣郊野公園巴士站、森林廣場及田畔街舉行的「守護路環」行動，期望藉此引起公民反思路環，以及整個城市演化過程中的代價及意義（守護路環，2013）。時事評論員，如李爾（李爾，2013a）及了空（了空，2013a）相繼在報章表明立場支持相關行動。

行動者主動推展社會運動，更藉相關刊物，加深公民對保護山體的意識，吸引公民的注目，強化保護的議題，希望他們在當日出席活動，以群眾運動的壓力，迫使政府改變。「守護路環行動」當日，共有約150至200名公民自發參與，包括立法會議員、城市規劃師、環保人士、學者、文化遺產關注人士、普通公民及小朋友等，當中以年青人及文化人居多，如詩人、音樂人、戲劇及作家等（湯榮耀，2015；林翊捷，2015）。參與者首先在石排灣郊野公園集合，然後步行到森林廣場，最後到田畔街進行作品展示，參與者透過宣讀行動聲明、靜默、森林音樂會、自由創作，如頌詩、繪畫、摺紙，以及宣讀口號等不同方式表達愛護路環山體（《華僑報》，2013c）。行動沒有向政府申請集會，因他們約200人是在行山，沒有利用馬路，在場亦有便衣員警監視（林翊捷，2015）。

整個行動和平有序地進行，既表達了要求，亦顯示行動者有具體的策劃，避免行動被人質疑別有用心。在活動過程中，參加者高舉寫着「守護路環！」、「捍衛山林不止我一個！」的牌子。參加者向政府提出以下五項要求：

1. 反對任何有可能破壞路環山體的發展計劃。

2. 不割山河不換地，反對任何因本次或類似事件而起的換地計劃。

3. 向公眾公開街線圖內規定發展商要提交的環境評估報告及交通評估報告內容。

4. 就地段內的碉堡及倘有的其他歷史遺蹟開展文物影響評估,並向公眾公佈結果。

5. 政府保證路環作為自然地區這個既有定位和政策得以延續,並在路環全島的城市規劃得到法定地位之前,凍結任何有可能影響路環自然環境的發展項目 (《正報》,2013c)。

參加者除了具有保護路環山體的共同信念外,更有爭取公義而參與。在「守護路環行動」中,不少公民因愛澳門、關心環境及文化遺產保護,以及認同保護自然比經濟發展更重要,而參與是次行動。此外,也有參加者為了公義才站出來 (湯榮耀,2015;張家樵,2015)。

議題迅速得到公民重視,是行動組織者始料未及。在沒有完整組織的情況下,只是透過互聯網動員參加者,是次行動也有背後的支持力量,組織者更要求參加者只能代表自己,不可

「守護路環行動」舉起紙牌捍衛山林

帶有組織的身分，反映公民認識到需要走出來守護路環山體及保護文化遺產，不可以破壞澳門的自然資源，使「保護文化及自然」的理念處於道德高地，亦因應其維護的利益，如將特區政府批准發展商興建高層樓宇，定義為「破壞文物」、「破壞環境」，並在道德層面上警告特區政府一旦批准工程所需承擔的後果，指責發展商為了賺錢而破壞澳門的自然資源，使「守護路環」的議題突顯出來（林翊捷，2015）。

經歷多場文化遺產保護運動後，公民更願意公開露面，使行動者實體化，不再以虛擬世界運作。公民不再躲在鏡頭後面，反映公民參與維護澳門利益的行動時，不再擔心「秋後算帳」（張家樵，2015；林翊捷，2015），他們勇於面對公民，亦希望藉着自己的參與令身邊的人知道及明白守護路環的重要，以及發展所造成的後果。

「守護路環行動」亦是公民對保護文化的覺醒，以及身分的認同，既是道德的議題，亦涉及法律滯後的問題。行動者較多將行動提升至愛護澳門的道德觀高度，爭取社會認同。這次網絡不同的是，行動者力量只停留在本地討論的階段，在多場文化遺產保護運動後，公民漸明白保護文化遺產的重要性，已可以引起公民的強烈關注，故行動者只以「保護文物」、「保護自然」等議題，已足夠獲得輿論支持。

擴大行動──網絡本土化

舉行公開的象徵政治的行動策略，為擴大倡議網絡奠定了基礎，民間繼續舉行相關行動，試圖擴大網絡的範圍。不過，在這次行動中，特區政府沒有在事情發展至一發不可收拾後，才回應公民的要求，而是在守護路環後已迅速回應，避免網絡跨國化。

行動者更多地選擇以媒體表達保護路環山體的要求，擴闊了網絡的資訊傳播，更有利於行動者對議題的掌握。「守護路環行動」活動後的數天內，澳門各報章（《正報》，2013d）及專欄作者，如李展鵬（李展鵬，2013）、了空（了空，2013b）、李爾（李爾，2013b）和賈大廚（賈大廚，2013）發表多份評論支持該行動（黃東，2013）。「守護路環行動」可說是正式引爆路環山體保護事件的舉動。守護路環由最初的保護歷史建築，延伸至討論澳門環境保護及城市規劃等多個議題，成為一件綜合性事件。

行動者藉圖文資料，吸引公民的目光，使他們對保護山體的重要性有明確的概念。為加強公民的認識，使議題獲得社會廣泛認同，行動者製作了相關模擬圖（見圖3.2），運用了象徵政治的符號，讓公民更容易理解高樓一旦建成後，對路環山體造成的破壞性後果，從而要求特區政府重視及不可批出有關工程。民主派背景的青年教師甘雪玲更拍攝短片，並上載視頻網站YouTube，呼籲公民關心及守護路環，截至2018年4月15日，共有8,216人次瀏覽短片（Kaman8857，2013）。

公民的行動吸納了社會人士的支援，社會人士在其建制的網絡聲援公民的行動，形成「內外結合」，令政府的處境更尷尬。緊隨「守護路環行動」後，公民團體、立法會等持續跟進有關事件。立法會議員高天賜更要求對保護路環山體的九月十九日第33/81/M號法令進行解釋，他在2013年4月22日的立法會全體會議提出《第33/81/M號法令的解釋性規定》法案，規範不可以在保留地作任何種類的興建或其他種類的使用（高天賜，2013a）。

雖然立法會議員的行動以失敗告終，但引起了公民對保護路環山體的關注，強化他們動員公民參與社會運動的能力。該

圖3.2 按政府批准的樓宇限高推算高樓建成後面貌模擬圖

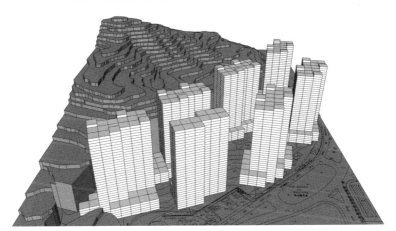

資料來源：木棉（2013）

法案在立法會以7票贊成、11票反對和4票棄權的情況下被一般性否決（《市民日報》，2013d）。雖然法案不獲立法會通過，但是沒有打擊「守護路環行動」。立法會全體會議於2013年5月22日以20票贊成、2票棄權，0票反對下，通過由立法會議員陳偉智及吳國昌動議，於4月11日提交的要求專為辯論公共利益問題召開全體會議的全體會議議決案。他們動議辯論「路環是澳門的市肺，亦是最後一片綠土，應儘快以城市規劃來正式規範保留為綠化生態保護區，並暫緩批准任何與此抵觸的大型建設計劃」（陳偉智、吳國昌，2013）。

收集公民簽名，讓網絡本土化的構成更立體，除實質的社會運動需要公民行動支援外，亦可以藉此讓公民參與，實行多元化表達要求。具有新澳門學社背景的青年曾家文，以及年輕設計師何潤建於2013年5月期間在街頭共發起3次「捍衛山林守路環」簽名活動，收集市民簽名（《濠江日報》，2013）。「捍衛山林守護路環」簽名活動發起人何潤建亦於5月22日在立法會門

前收集立法會議員的簽名，其中議員吳國昌、吳在權、陳明金和梁安琪先後簽名。簽名活動共收集超過1,600名公民的支持，意見冊厚達128頁，包括簽名、心聲及圖像，並分發給29名議員，每名議員各一份，讓他們感受居民保護山體的心聲（《澳門日報》，2013j）。

「守護路環行動」使網絡關注的議題更具有解釋力，網絡的行動本土化，亦讓特區政府不可忽略他們關注的議題。保護路環山體、自然資源及文化遺產等議題得到更多公民關注。議題透過象徵政治行動得到強化，亦令到網絡範圍得以擴大，輿論由始至終傾向支持行動者的要求，為特區政府造成壓力。同樣地，與傳統倡議網絡行動者不同的是，這次行動主要透過互聯網散播，更重要是透過社交媒體的廣泛分享及傳播，使澳門廣大公民參與行動。由於特區政府在這次行動中積極回應，避免了出現槓桿效應。

政府速回——迴避跨國壓力

經歷了多場文化遺產保護運動，尤其是「護塔行動」後，公民在「守護路環行動」只是舉行了為數不多的活動，希望政府改變其政策，促使政府負責。在這次行動中，行動者在沒有將議題跨國化的情況下，仍能使特區政府改變原政策方案。下文將分析「守護路環行動」者所使用的政治策略，有效令特區政府為避免事件陷入難以收拾的局面而迅速承擔政治責任，擱置發展商的申請，避免社會陷入糾紛。前車可鑑，特區政府是為免議題跨國化，遂迅速處理行動者的要求，使行動者不需要利用槓桿策略迫使特區政府回應，迴飛鏢效應處於備用狀態。

政府行動——主動回應倡議網絡

特區政府為免公民將行動跨國化，在事件曝光後，儘管初期希望對議題作冷處理，但最終仍不得不面對社會壓力，主動解決問題。土地工務運輸局局長批出有關《街道準線圖》，是按照法律的規範執行，不代表不處理相關社會反彈。在澳門政法學會於2013年2月1日發表拆卸殖民建築的言論後，文化局局長吳衛鳴於2013年2月4日回應時作曲線反駁，他指城市面貌是經不同時期、歷史累積而成，是多元文化的體現（《澳門日報》，2013f）。

特區政府為免問題複雜化，主動避免挑起支持特區政府政策的言論，以安撫公民。特區政府不認同這類破壞澳門文化特色的言論，更拒絕這些團體試圖為發展商保駕護航，避免激化公民作出進一步的行動。土地工務運輸局局長賈利安於2013年2月27日回應立法會議員口頭質詢時，指任何人均有權發展，該局不會在《城市規劃法》出台前趕搭「尾班車」批出工程，且業權人須騰出五千多平方米作公共道路用途。該局城市規劃廳廳長劉榕補充指該專案發展須配合特區政府及社會認同的價值觀，包括環境評估、空氣流通、交通壓力及景觀，且不一定可以興建百米高樓（《華僑報》，2013b）。這反映了特區政府在事件初期，已試圖為議題降溫，避免引起社會更大的質疑。

在網絡形成後，特區政府亦公開交代事件，企圖讓公民釋疑，降低倡議網絡的效用，可惜失敗。發展商在事件被媒體曝光後，火速向特區政府提交發展計劃。運輸工務司司長劉仕堯於2013年3月13日向媒體表示，確認已收到發展商計劃。土地工務運輸局局長賈利安於同日向媒體表示，已就哨站保護及環境保護向文化局、環境保護局收集意見。然而，有社會人士指澳門的環境保護評估報告主要針對破壞的山體及自然資源的補

救措施，而非專案對環境的破壞程度，所以環境評估報告成效存疑（《澳門日報》，2013i）。相對而言，特區政府明顯重視處理事件，主動回應各項跟進工作，更要求相關部門合作，不再採用「護塔行動」的處理手法，而是透過「合法」、「合理」回應，改變了過去不理會社會要求的不作為態度。

特區政府嘗試就議題解畫，減低社會運動發生的可能性，但仍是失敗告終。在「守護路環行動」舉行前，文化局局長吳衛鳴已指初步認為哨站值得保存（《市民日報》，2013c）。行政長官崔世安更強調完全支持在發展和保護中取得平衡，他相信哨站可以保護，下一步是批准建築物如何興建（《大眾報》，2013a）。相對而言，文化局在事件中不再處於被動的角色，可主動參與處理。在「守護路環行動」發生後，2013年3月25日，即「守護路環行動」翌日，運輸工務司司長辦公室迅速發出新聞稿回應事件，指出必須綜合審視問題，在科學基礎上作出充分的評估及分析（運輸工務司司長辦公室，2013）。

特區政府不敢再輕視民意，希望藉着回應適度地降低公民的反彈情緒，更主動要求發展商遞交符合公民要求的卷宗，藉此拖延專案的批給。行政長官崔世安在2013年6月2日回應該項目的環境評估報告需要作補充，擴大評估範圍（《大眾報》，2013b）。由於《街道準線圖》的有效期為一年，該地段的《街道準線圖》已於2013年3月2日失效。

發展商不再提交更新計劃，變相接納社會要求，行動者取得勝利。雖然發展商在《街道準線圖》失效前已向特區政府提交發展計劃，但整個申請仍處於審批階段，特區政府要求發展商補充資料，但發展商沒有再提出新的要求。隨着第12/2013號法律《城市規劃法》在2014年3月1日開始起生效，根據該法第64條第3款的規定，特區政府可按原《街道準線圖》批准發展（印務局，2013b：1900–1923）。

該地段的發展商沒有在第12/2013號法律《城市規劃法》生效前，取得由土地工務運輸局發出更新《街道準線圖》，亦沒有獲特區政府批出發展計劃，意即發展商如需要發展該地段，需要按第12/2013號法律《城市規劃法》的規定，向土地工務運輸局申請《規劃條件圖》[1]。土地工務運輸局發出《規劃條件圖》前，需要向公民諮詢，並聽取諮詢機構城市規劃委員會的意見後才可發出（印務局，2013b：1900–1923），該地段的發展將受到較嚴格的規定，事件不了了之。

在「守護路環行動」中，特區政府迅速回應，對議題及公民的反應的敏感度增強，特區政府的處理基本滿足了社會的要求，直至目前為止，由於沒有進一步的消息，所以「守護路環行動」的行動者沒有進一步的跟進（林翊捷，2015）。特區政府的處理，避免了議題進一步擴大及跨國化。文化局文化財產廳前廳長張鵲橋認為，發展商申請《街道準線圖》的時機敏感，但特區政府是按本子辦事。事件能引起公民關注是好事，但路環山體已被破壞，哨站的保護可能是對保護路環山體的借題發揮，對於哨站以至山體的保護，希望公民共同參與（張鵲橋，2015）。

在整個行動中，由於議題一開始已受社會重視，特區政府不敢怠慢，亦沒有選擇以各種理由推卸責任，使行動者不需要將網絡跨國化，以引起國際關注，所以倡議網絡仍在本地發生，沒有出現跨國化。

---

1. 根據第12/2013號法律《城市規劃法》的規定，由《規劃條件圖》取代《街道準線圖》，作為由「土地工務運輸局發出的文件，尤其載有特定地塊或地段的街道準線、用途及建造條件」（印務局，2013b：1900–1923）。

避免跨國——本土解決問題

雖然在「守護路環行動」中沒有明顯的跨國化及迴飛鏢效應，但實際上，槓桿政治策略及迴飛鏢效應在這次議題中處於「備用狀態」。

即使網絡的行動本土化，特區政府仍感到跨國行動者的威脅。自「護塔行動」後，跨國的倡議網絡已形成，沒有隨「護塔行動」結束而消失。聯合國教科文組織世界遺產委員會曾分別在2009年、2011年、2013年及2017年的會議中作出決議，分別在2009年要求作為《保護世界文化和自然遺產公約》締約國的中國，為澳門訂立保護文化遺產和景觀的法律框架，在2011年再次提出相同的立法要求；在2013年則要求在2015年2月前提交在第13/2013號法律《文化遺產保護法》的範圍下的歷史城區管理計劃，顯示出特區政府經中央人民政府的協助，與聯合國教科文組織已形成恆常的機制，監察澳門的文化遺產保護：

> ……同時，要求締約方制定適當的法律和規劃工具以保護這些文物背後的人文肌理，其中包括一套全面的城市規劃法規，其旨於保存與文物共生、不可切割的周邊景觀；……（World Heritage Committee, 2009: 112）

> ……向締約國重申其要求制定相應的法律和規劃手段，包括發展至今的城市規劃，並向世界遺產中心提交最終修訂法案，讓世界遺產中心和諮詢機構對文化遺產作出評估；……（World Heritage Committee, 2011: 104）

> ……要求締約國於2015年2月1日完成符合新澳門文化遺產保護法、新城市規劃法及其他相關法規的最終確定管理計

劃,並提交至世界遺產中心以供諮詢機構評核。……（World Heritage Committee, 2013: 110）

跨國行動者長期處於備用狀態,監督特區政府的文化遺產保護的工作,故網絡行動者更容易引入跨國行動者介入事件,而特區政府則不希望再次發生類似「護塔行動」的事件,以免影響其管治威信。特區政府在制定保護澳門文化遺產和景觀的相關法律及政策時,受到聯合國教科文組織的監督,因《保護世界文化和自然遺產公約》締約國以國家作為成員國,即澳門特別行政區的相關政策需要由中國中央人民政府監督落實,以便由中國代表向聯合國教科文組織世界遺產委員會報告。需要特別留意的是,聯合國教科文組織世界遺產委員會關注的不單是作為世界遺產的澳門歷史城區保護狀況,而是整個澳門的文化遺產、城市景觀及城市規劃情況,意即要求澳門特別行政區儘快完成修改《文化遺產保護法》及《土地法》,以及制訂《城市規劃法》。在一定程度上,特區政府亦擔心文化遺產保護及城市規劃工作處理不當,會再次受到聯合國教科文組織批評（張鵲橋,2015）。

特區政府主動處理公民的議題,反映倡議網絡取得實質成效,更發揮警醒特區政府的作用。特區政府亦擔心公民對文化遺產保護、城市景觀或城市規劃等議題感到不滿時,會再次向聯合國教科文組織投訴特區政府處理不當,再次啟動跨國倡議網絡的行動,因此遇到相關議題時,不敢再掉以輕心,轉而從速處理解決（林翊捷,2015;周慧珠,2015）。

在「守護路環行動」中,不是沒有跨國網絡,只是它處於「備用狀態」,就像一隻「無形的手」,在背後起着干預的作用。的確,特區政府忌諱聯合國教科文組織及中央人民政府再次批評其文化遺產保護及城市規劃的政策,不希望見到公民

參與的過程中，動輒找聯合國教科文組織及中央人民政府「出頭」，因而迅速回應公民對議題的訴求，避免再次出現迴飛鏢效應。在「守護路環行動」中，如果特區政府再次忽略公民對文化遺產保護的重視及參與，公民會再次啟動處於「備用狀態」的跨國倡議網絡，從而推動特區政府修訂政策方向，以滿足保護的要求。

迴鏢效應——備用阻嚇政府

　　本章以「守護路環行動」探討公民如何透過公民參與，以倡議網絡保護路環山體及哨站的形成及發展，反映了倡議網絡建構後，不會因事件結束而消失，反而是處於備用狀態，藉着公民參與，可以重新開啟讓跨國組織介入的大門。上文討論過公民在發展商計劃發展田畔街地段後，主動參與保護行動，特區政府為避免聯合國教科文組織及中央人民政府介入，亦主動跟進公民的議題，改變政策的決定。在這次行動中，「守護路環行動」的迴飛鏢模型，由議題的構建，到資訊政治及象徵政治等策略行動，特區政府亦主動問責回應，使迴飛鏢模型處於「備用」狀態（見圖3.3）。

　　同樣地，倡議網絡對文化議題發揮了影響力，形成公民參與形成的前提條件。在這次行動中，公民在得悉政策後，已即時作出反應，保護文化及自然資源的意識很快得到確立，這次行動爭取的是保護澳門的文化，維護的是意識形態，屬於抽象的概念。隨着守護路環的組織出現，積極的行動者利用資訊政治進一步整合守護路環的框架，最終達成基本共識，順利開展了維護路環山體及哨站的行動。特別值得留意的是，這次行動的本地向上溝通的管道沒有被堵塞，特區政府亦很快回應社會要求。

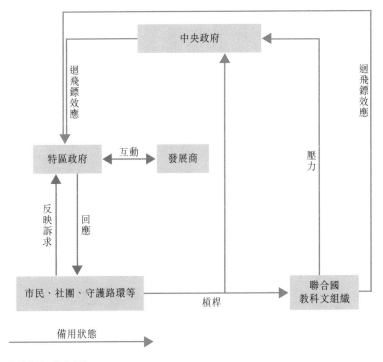

圖3.3 「守護路環行動」的備用式迴飛鏢模型

資料來源：筆者自繪。

其次，互聯網絡及新興社交媒體的力量，有意亦有能力挑戰特區政府的權威，以傳統社團為核心的建制陣營未能確保能維持有效的管治。公民參與的社會運動能夠取得成功，完全憑藉互聯網絡及社交媒體擴大參與力量。議題在網絡擴大階段，行動者充分利用了非正式組織的彈性，以及媒體的廣泛報導的特性，促進了公民參與的途徑及方法。公民即使參與行動，亦不再懼怕被「秋後算帳」，願意在媒體及社會大眾面前亮相。同樣與一般倡議網絡運用非政府組織與媒體作為重要變數的不同，以新興的社交媒體吸引社會大眾關注事件，利用公民參與作為博奕的籌碼，同時運用資訊政治與象徵政治的策略，加強

公民對事件的關心，讓公民要求特區政府不可以批准在路環削山興建高樓。特區政府亦不願意見到社會有支援發展商的聲音，避免激化社會矛盾，試圖削弱發展商的影響力。

　　最後，公民與跨國行動者之間的倡議網絡可以為恆常網絡。在「護塔行動」後，跨國的倡議網絡仍影響澳門文化遺產保護的制定，不會因事件結束而消失，反而是處於備用狀態。特區政府避免非正式組織再次以跨國行動，產生迴飛鏢效應，導致聯合國教科文組織及中央人民政府再次介入地區的社會議題。特區政府改善了與公民溝通的管道，特區政府在決策與社會大眾關注的利益出現分歧時，及時採取行動，安撫公民的情緒。在公民舉行社會運動後，亦及時回應公民，解釋特區政府的處理方案。這些因素均使槓桿政治及迴飛鏢效應處於「備用狀態」。這一雙「無形的手」在特區政府制定文化遺產保護政策時，需要考慮聯合國教科文組織的再三要求，以免激化公民情緒，而導致公民再次要求聯合國教科文組織及中央人民政府跟進澳門的文化遺產保護情況，使槓桿政治化為隱藏的角色，在背後起着干預的作用。這個籌碼亦使公民參與得到實質的支持，如果特區政府忽略公民參與，處於「備用狀態」的槓桿政治及迴飛鏢效應，會由「備用狀態」轉化為「實際具體行動」，迫使特區政府回應。

　　在「一國兩制」的原則下，倡議網絡可對屬非主權國家的澳門產生影響，使澳門特區的文化遺產保護更容易受到國際社會的壓力。特區政府需要主動處理公民的要求，避免公民改為直接向上級政府——中央人民政府與聯合國教科文組織表達意見。如果特區政府的處理手法不能滿足社會要求時，公民會將行動升級，主動要求國際組織介入，要求國際組織按照其決議，跟進澳門的文化遺產保護狀況，使「世界遺產」變成一把「雙刃劍」，一方面既提升了澳門的國際地位，另一方面促使特

區政府在國際監督下處理地方事務。值得留意的是，由於中國才是代表澳門履行世界遺產保護國際承諾的主權國家，如果澳門對文化遺產保護工作處理不當，中央人民政府為免國際形象受損，必定主動要求及協助澳門特別行政區制定符合要求的政策。因此，澳門在處理文化遺產保護議題時，必須小心翼翼，以較理性及節制的方式達成要求，避免引起「一國兩制」的管治關係下，「澳人治澳」、高度自治的尷尬。

4

文化遺產保護
公民參與的勝利？

澳門社會經濟發展同時，文化遺產保護則屢受挑戰，過去多年便發生過多次公民發起的文化遺產保護運動，務求改變特區政府的文化遺產保護政策。經過多次文化保護事件，澳門公民已不再被動地面對社會議題；他們會藉着公民參與，在社會上採取不同的行動表達保護文化的訴求，甚至以倡議網絡的迴飛鏢模型，借助跨國的力量，迫使特區政府改變政策，讓政策的方案滿足社會要求。但這就是公民參與的勝利嗎？

　　本書藉着回顧「護塔行動」及「守護路環行動」，結合研究文化遺產保護的政策制定，反思澳門的文化遺產保護因長期缺乏公民參與的途徑，在政策落實前，往往沒有充分聽取公民對各個議題的意見，導致澳門文化遺產保護的落實受阻。面對社會的發展，人民質素提升，特區政府的管治受到考驗，其管治思維需要跟上時代的步伐，在第11/2013號法律《文化遺產保護法》框架下，適應社會環境的變化。

公民參與——文化遺產保護的支柱

　　葡國管治澳門時代的管理模式是政府可以不用諮詢公民意見，直接推行政策。澳門特別行政區成立後，特區政府曾沿用這個管治模式推動政策。在「護塔行動」及「守護路環行動」中，反映澳門容易受到倡議網絡的影響，原本的政策制定模式不能再適應社會需要，需要加強公民參與。

　　本書以倡議網絡的四個行動策略，包括資訊政治、象徵政治、槓桿政治及問責政治，以及迴飛鏢模型，指出澳門經歷了多場文化遺產保護運動後，公民參與使文化遺產保護產生重要的改變。同時，特區政府的管治模式受到公民的挑戰，即使在

法律上是「合法」的文化遺產保護政策，公民仍可挑戰政策是否真正的公平及公正，亦會被社會質疑制定過程缺乏透明度，是黑箱作業，以及是否符合公共利益等。若果特區政府不願意改變政策，公民將透過不同途徑表達要求，甚至在倡議網絡中，要求跨國的國際組織及中央人民政府介入，採用迴飛鏢效應，最終促使特區政府在壓力下改變政策。

過去一段時間，由於特區政府缺乏可讓公民參與澳門文化遺產保護的渠道，導致公民行動跨國化。公民參與的意願及情緒越來越高漲，特區政府在制定文化遺產保護政策時，不可以再忽略公民的要求，需要提供適合的參與途徑，讓公民表達立場。特區政府制定重大政策時，包括重新規範東望洋燈塔周邊範圍，以及容許發展商在路環大興土木等的城市規劃，沒有及時諮詢公民意見，沒有掌握民意，缺乏公民參與的機制，沒有讓公民在政策落實前發表聲音，閉門造車。另外，特區政府在推出政策的時候，沒有妥善處理可能出現的問題，尤其公民缺乏適當渠道表達聲音，只按照特區政府內部決定的方案執行，結果出現民間反彈的情況。由於政策偏離民意，即使建制陣營亦無力支持，社會凝聚力量，反對建築物高度超越東望洋山山體，以及反對削山興建高樓，在聯合國教科文組織及中央人民政府的有形或無形壓力下，特區政府最終需要重新審視政策，使政策符合民意（陳澤成，2010）。

由此可見，在文化遺產保護的過程中，倡議網絡在文化議題能發揮影響力，成為公民參與形成的前提條件，也可以看出公民參與行動以意識形態作主導。由回歸前不重視，到回歸後家園主人的意識提升，公民認同本土文化，有利文化遺產保護，尤其澳門申報世界文化遺產成功後，公民更認同澳門是文化之城（陳樹榮，2010；林翔捷，2015）。隨着公民的文化遺產保護意識提升，「文化」這類佔據道德高地的議題成為行動者

的共同理念。公民參與發揮了提升公民文化遺產保護意識的作用，成為公民參與保護的前提條件。

其次，在文化遺產保護中，公民多先以個人組織參與，再由群眾自行組成非正式組織，形成倡議網絡。如公民組織「護塔連線」及「守護路環」等非正式組織，以公民為個體參與行動，有別於傳統上透過組織或機構代表群眾參與。無論是「護塔行動」還是「守護路環行動」，主要由「護塔連線」及「守護路環」等非正式組織要求特區政府停止東望洋燈塔周邊的高樓建築工程，或是要求特區政府不可讓發展商削路環山體，興建高樓。另一方面，由於一直支持特區政府施政的建制陣營團體，如傳統社團的澳門街坊會聯合總會、澳門工會聯合總會等，它們也支持維護東望洋燈塔景觀的街坊群眾以及保護路環山體的公民，因此亦沒有明顯表態支持發展商。在「守護路環行動」中，特區政府更不希望有人表態支持發展商，避免激化社會矛盾，試圖削弱發展商的影響力。建制陣營的團體受制於民意，以及避免因支持特區政府而導致在立法會選舉中選票流失，便放棄為特區政府保駕護航，使管治聯盟失效，影響力被嚴重削弱。因此，公民參與有效地影響文化遺產保護政策的制定，亦起着監督管治陣營的取態是否違背民意的作用。

再者，文化遺產保護可透過公民的社會運動凝聚力量，取得公民參與的成效。在策略上，公民首先採用匿名參與，取得成效後，轉為公開參與的形式出現。從「護塔行動」走到「守護路環行動」，由懼怕被「秋後算帳」而不願在公民面前公開身份，在背後隱姓埋名，只在網絡媒體吸引社會大眾關注事件，以「一名ＸＸＸ」為署名向公民解釋議題，走到願意在傳媒及公民面前曝光，向社會表達要求，期望特區政府改變。這反映公民在參與文化遺產保護等議題上信心增強，公民參與由躲在後台，漸漸地走到前台，在網絡擴大的階段，均借助構建

非正式組織，同時運用資訊政治與象徵政治的策略，發起文化遺產保護運動。而保護運動亦獲得社會認同是表達聲音的方法（梁慶庭，2015）。

　　互聯網資訊科技的發展，有助吸納公民參與行動，以及將網絡的資訊政治擴散。由於過往文化遺產保護的力量分散，積極的行動者以互聯網宣揚保護的重要性：「護塔行動」主要透過網頁，「守護路環行動」則以社交媒體為主，傳播興建高樓對東望洋燈塔景觀，以及路環山體和哨站造成破壞的資訊，讓立場一致的公民凝聚起來，最終達成行動的基本共識，構建非正式組織，採取不同的社會行動，站在道德高地，反對特區政府的政策，令有關議題在社會發酵及升溫，進一步推動更多公民加入關注，形成更強大的力量。互聯網絡及新興社交媒體的力量有意亦有能力挑戰特區政府的權威，特區政府需要檢討依靠以傳統社團為核心的建制陣營，能否維持有效的管治模式，以確保文化遺產保護政策順利實施。

　　由此可見，文化遺產保護的行動者決定參與制定政策時，若同時採取多種行動策略，有助迫使政府改變。為此，政府以不同策略作出回應，只希望淡化事件，避免引起更大規模的公民行動。如公民只採取單一的策略行動，不容易引起社會關注，社會亦容易遺忘相關資訊，因此，在網絡中的不同行動者，因應各自擁有的資源及特點，選擇適合的行動方法，例如有的發起社會運動、有的借助媒體表達要求、有的則組合成為非正式組織等。在過程中，公民仍會首先考慮採取本地的行動，若政府不重視回應公民的要求，公民會把行動升級，引入國際行動者，使行動變得跨國化。如在「護塔行動」中，公民透過媒體及社會運動等表達保護東望洋燈塔景觀的要求後，政府不理會公民的要求時，公民便向跨國組織反映意見，希望跨

國組織介入等。最終政府需要屈服，作出限制樓宇高度的決定。如果政府不採取行動回應公民的要求，公民將向政府施以更大的壓力，因此，政府有必要對不同策略的行動作出回應，以把公民關注的問題淡化，避免引起更大規模的保護運動。

　　文化遺產保護的過程中，一旦公民與跨國行動者之間形成倡議網絡，可變化為恆常網絡。公民藉着保護運動吸納跨國行動者參與，形成了倡議網絡後，網絡不會因議題的結束而消失，反而會處於恆常狀態，使議題及行動具有持續性的特點。一旦公民參與的倡議網絡變得恆常化，公民參與的行動可以逐步升級，更可以隨時重新開啟讓跨國組織介入的大門。在「護塔行動」中，當文化遺產保護與社會經濟發展之間存在價值及規範的衝突時，公民向特區政府表達的渠道被堵塞，公民就會改以公開抗議的方法，甚至借助跨國組織的力量，以保護澳門的珍貴遺產，引起國際社會的關注。然而，特區政府不重視跨國組織的壓力，只輕微調整政策，不能滿足公民的訴求。公民於是再將行動升級，進一步要求跨國組織處理。最後，聯合國教科文組織及中央人民政府公開地向特區政府施加壓力，終使特區政府改變政策，形成了雙重迴飛鏢效應。在「守護路環行動」中，由於跨國的倡議網絡已在「護塔行動」中成形，發展商計劃發展路環田畔街地段後，公民認同保護文化遺產及自然景觀的重要性，會主動參與保護路環山體及哨站。由於公民與特區政府溝通的渠道沒有被堵塞，特區政府不想聯合國教科文組織及中央人民政府再次公開處理澳門的地區事務，特區政府的態度轉趨積極，改善了與公民溝通的渠道，即時採取行動，並改變政策的決定。否則，公民若對政策不滿，可以重新啟動跨國的大門，處於「待命」的倡議網絡便會轉化為「實施」具體行動的迴飛鏢模型，迫使政府改變對文化遺產保護的立場。

公民參與對文化遺產保護產生了重要的影響，也取得了成效。倡議網絡對公民參與文化遺產保護起着支持的作用，公民可以借助倡議網絡，吸納跨國行動者的支持，迫使政府改變文化遺產保護決策。特區政府在制定文化遺產保護政策時，需要建立有效及恆常的公民參與渠道。由於倡議網絡對文化遺產保護能夠發揮影響力，故公民可以不再依靠社團作為他們的代表，參與政策的制定，而是以個人組織參與，更會組成非正式組織舉行各種活動，綜合採用多種的行動策略，藉着採取群眾運動的方法，吸納跨國行動者參與，形成倡議網絡的施壓方式，並可建構公民與跨國行動者之間恆常的倡議網絡。在倡議網絡中存在眾多不同文化遺產保護主要參與者，甚至有國際組織影響文化遺產保護政策的決策，特區政府需要與公民建立有效的溝通渠道，理順公民在文化遺產保護政策制定中的角色及關係，才可確保政策能有效地落實推行。

文遺保護——在挑戰中迎接未來

澳門面對的不單是如何更好地推行文化遺產保護，也包括怎樣在城市規劃、土地利用等議題之間取得最佳的平衡點。在保護議題上，政府有時受到來自社會的很大阻力及約束力，有時更會受社會因素影響，被迫放棄保護具歷史價值的建築物，而且更要面對國際壓力、公民運動，甚至是中央與地方之間的關係。

文化遺產保護成為地方的國際議題後，公民與跨國組織容易構建倡議網絡，成為了公民與跨國行動者之間的互動網絡，以及建立了「備用式迴飛鏢模型」。在面對文化遺產保護的爭議時，由於本地政府懼怕跨國的力量，不願意凡事均受到跨國

行動者的壓力，同時亦擔心公民將政策要求「外銷」，公民可藉着保護運動吸納跨國行動者參與。一旦文化遺產保護受到「備用式迴飛鏢模型」影響，本地若能解決問題，處於周邊的跨國行動者就處於不活躍狀態，使外在的隱密參與者處於「備用」狀態；若政府無視本地行動者的要求，或者無法滿足社會的要求時，公民會引發倡議網絡，啟動跨國行動者介入，倡議網絡的這種周邊因素，就會變得活躍。

在文化遺產保護的網絡內的不同行動者均提倡「要保護」文化遺產，但對於「如何保護」及採用甚麼策略行動則可能意見不一。「要保護」與「如何保護」，其實屬於文化遺產保護的不同層次政策信仰，前者的焦點是文化保存議題的目標達成程度，不理會採取甚麼行動，即無論運用哪一種可行的策略，均要達到保護文化遺產的目標；後者則聚焦在達成方法，思考各種可行的方法，從中選擇最適合的保護模式，並向公民介紹，希望獲得公民的廣泛認同，也希望政府落實相關政策，做到保護文化遺產。

再者，公民在推展文化遺產保護時，他們的部分組織者來自相關議題的活躍成員，但公民獲悉行動後，會自發地以個人身分參與行動，不會由組織或機構代表他們，更會組織成相關的非正式組織參與。同時，公民採取群眾運動的方法，形成倡議網絡的施壓方式，達到公民參與的成效。在策略上，公民首先採用匿名參與，取得成效後，轉為公開參與的形式出現。繼而運用資訊政治與象徵政治的策略，憑藉互聯網及社交媒體擴大參與力量，發起公民運動，使政策的問題更容易受到社會關注，以及吸納跨國行動者參與保護文化遺產。

正因如此，迴飛鏢模型對「護塔行動」之後「餘溫」猶在，仍產生了關連影響。2015年3月，澳門再因東望洋燈塔景觀問題出現社會爭議。鄰近友誼大馬路的「漁人碼頭」，由於需

圖4.1　土地工務運輸局發佈的漁人碼頭規劃條件圖草案

圖4.1　土地工務運輸局發佈的漁人碼頭規劃條件圖草案

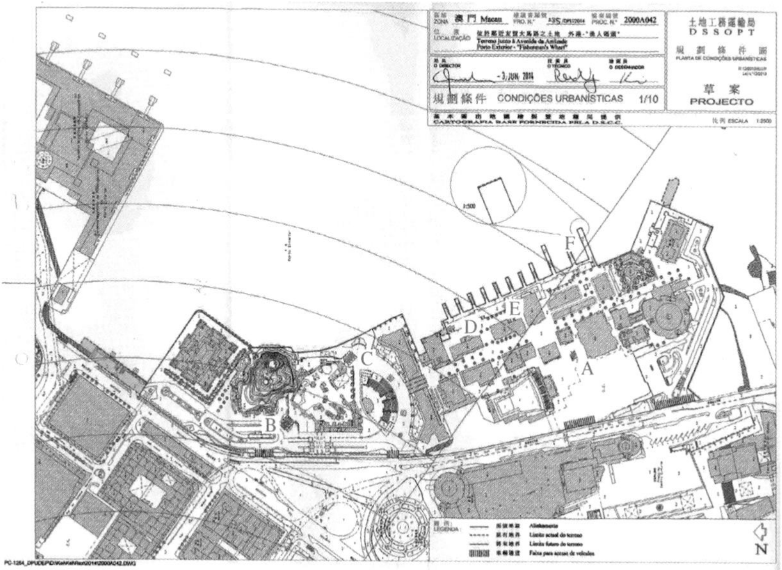

樓宇最大許可高度：
A地塊：海拔60.0米（第一次）、90.0米（第二次）；
B地塊：海拔42.5米；
C地塊：海拔42.5米；
D地塊：海拔26.4米；
E地塊：海拔21.0米。
資料來源：土地工務運輸局（2014a；2015a）

要擴建發展，業權人澳門勵駿創建有限公司於是申請發出《規
劃條件圖》。土地工務運輸局按照第5/2014號行政法規《城市規
劃法施行細則》，就該地段收集利害關係人及公民對規劃條件
圖草案的意見，為期15日（由2014年6月16日至30日）（印務局，
2014b：72–84；土地工務運輸局，2014c）（圖4.1）。當中的A地塊
在第83/2008號行政長官批示的限高屬於90米範圍，而土地工務
運輸局在聽取文化局的非約束力意見後，在草案中將該地塊高
度限制為60米（土地工務運輸局，2014b）。2014年收集意見時，
在18份意見書中，9份偏向A地塊的高度維持或低於60米，甚至

圖4.2 漁人碼頭A地塊規劃興建「超高屏風樓」模擬圖

> 漁人碼頭計劃中的超高屏風樓
> （將完全遮蔽東望洋燈塔）
>
> 燈塔高度　東望洋山脊線

資料來源：《論盡媒體》（2015f）

向海逐級遞減，而7份則認為「放高」至90米（土地工務運輸局，2014c）。城市規劃委員會於2014年8月1日首次審議該規劃條件圖，樓宇高度限制受到關注，認為應制訂天際線及避免屏風樓阻擋海風（《正報》，2014）。

可是，土地工務運輸局於2015年3月23日發佈該規劃條件圖草案第二次所收集的意見時，在沒有註明特別原因的情況下，將A地塊修改為按照第83/2008號行政長官批示的限定90米，同時放寬地積比率和覆蓋率（土地工務運輸局，2015b），這次政府舉措再次激起公民保護東望洋燈塔景觀的聲音。關注人士及團體普遍質疑特區政府的「放高」決定是照顧發展商的利益，亦有違保護東望洋燈塔景觀的理念，政策雖合法也不合理，容許最高的高度也不代表可用盡（《論盡媒體》，2015a；《市民日報》，2015a；《華僑報》，2015a；《澳門日報》，2015a；《正報》，2015a）。而是次為期15日的收集公民意見，共收到636份意見（土地工務運輸局，2015c），但媒體卻質疑屬「灌

水」支持「放高」，也質疑其改變決定的依據（《論盡媒體》，2015b）。土地工務運輸局一直指修改後的規劃條件圖草案是依法編製，而且不屬世界遺產的緩衝區，又指文化局的意見不具約束性（《力報》，2015a）。文化局隨後亦指只在2013年提出了一次不具約束力的意見，但須尊重法律要求，故調整為限高90米（《力報》，2015b）。此事令社會質疑文化局保護世界遺產的決心，引致坊間借助迴飛鏢模型，新澳門學社撰寫報告交聯合國教科文組織，要求聯合國教科文組織將澳門歷史城區列入《瀕危世界遺產名錄》（《市民日報》，2015b），藉此牽制特區政府處理漁人碼頭A地塊的決定。世界遺產保護專家、國際古蹟遺址理事會前副主席郭旃也指東望洋山與西望洋山應該受到保護（《論盡媒體》，2015c），反映特區政府在處理漁人碼頭的規劃條件圖時存在來自迴飛鏢的壓力。

城市規劃委員會終在2015年8月11日再次討論該項規劃條件圖，多數委員反對放高漁人碼頭A地塊，草案也不獲通過，並要求土地工務運輸局提交更多資料，也需要在經濟發展和文化遺產景觀之間取得平衡（《濠江日報》，2015）。自這次會議後，有關草案直至2018年5月也沒有再被討論，當局也沒有發出正式的《規劃條件圖》，似乎與後續特區政府需要處理聯合國教科文組織於2015年7月27日向中國政府發出第CLT/HER/WHC/APA/FJ/15/166號公函，要求中國政府就澳門社會團體對東望洋燈塔景觀受高樓影響的報告（China，2017），存在一定關係。澳門漁人碼頭國際投資股份有限公司總裁陳美儀突然於2018年2月26日宣佈漁人碼頭該地段以60米的高度興建，亦表示60米的高度已經足夠，避免引起公民的疑慮，或者引起某部分人景觀視覺上、心理上的不舒服（澳門日報，2018）。這也反映了公民借助跨國組織的力量，運用迴飛鏢的方法，促進特區政府重視文化遺產的保護，可見此策略仍然湊效。

另一方面，倡議網絡也對新城區總體規劃第三階段產生了效應。土地工務運輸局於2015年6月30日起，展開為期90日的「新城區總體規劃第三階段公眾諮詢」。這次諮詢的其中一個關注點，就是澳門半島以南，以嘉樂庇大橋為界，分作東西兩段的新城B區。該區規劃為澳門半島南端濱海綠廊，作為行政機關、司法機關的政法區，亦以綠地或公共開放空間區、公用設施區及住宅區為主，計劃興建2,000個住宅單位。雖然規劃時（見圖4.3）強調「山海城的景觀聯繫，也留設西望洋聖母眺望點、觀光塔眺望點景觀通廊，也確保世遺歷史城區與新城B區、外海及氹仔景觀對接」（土地工務運輸區，2015d），然而社會高度質疑新城B區會否破壞西望洋山的景觀，尤其是根據航空役權訂定樓宇高度最高可達160米，定必影響世界遺產的保護。土地工務運輸局指曾諮詢文化局，但文化局指「高度必須限制，保護本澳門戶景觀，興建建築物後要保持視廊，讓居民可以看到主教山景觀（《論盡媒體》，2015d）」，引起社會質疑保護世界遺產景觀的決心，更要求降低樓宇高度，直指有關規劃必阻景觀（《正報》，2015b；《澳門日報》，2015b；《論盡媒體》，2015c；《論盡媒體》，2015g；2015h；2015i）。運輸工務司司長羅立友也直言特區政府未必採用諮詢意見（《澳門日報》，2015c），引起社會反彈，認為公眾諮詢是「走過場」，也引致公民再次採用向聯合國教科文組織表達訴求的策略。

聯合國世遺專家邁克爾•特納（Michael Turner）指出澳門的個案會破壞整體景觀，B區的100米高樓帶來十分負面的影響，即使保持視覺走廊，也不能算是保護了世界遺產。「只要有證據顯示歷史景觀可能受到破壞，聯合國教科文組織也會提起程序，要求主權國解釋事件，嚴重者可能會發函警告。如果有被破壞的危險，有可能損害世界遺產的『傑出普世價值』，便有可能被除名」（《論盡媒體》，2015e）。政府因應事態發

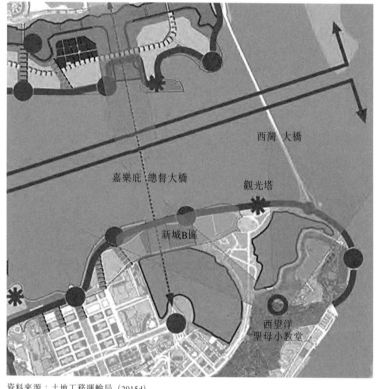

圖4.3 西望洋山景觀視廊示意圖

西灣 大橋

嘉樂庇 總督大橋

觀光塔

新城B區

西望洋
聖母小教堂

資料來源：土地工務運輸局（2015d）

展，即使諮詢期還未結束，行政長官崔世安已急忙回應將保護
文化遺產的視覺景觀放在第一位，又表示要求土地工務運輸局
在規劃新城A、B區時，聽取世界遺產保護專家的意見（《力
報》，2015c），藉此降低迴飛鏢的效力。如上文所述，郭旃也
指出，西望洋山要受到保護，因此，保護西望洋山的景觀已進
入跨國組織的視野，不能再單以澳門特區內部解決。諮詢結果
亦反映公民在新城B區事件中最重視景觀的問題（土地工務運輸
局，2015e）。有關議題一直受社會關注，也吸引了國際組織的
目光。

圖為從西望洋山角度望向旅遊塔及對岸氹仔的景觀。根據圖4.3，若新城B區規劃落成而又未有限制樓宇相關高度，則有機會阻擋原有從西望洋山望向的景觀。

　　新城的總體規劃直至2018年5月仍未出台，特區政府卻「斬件式」以規劃條件圖草案，由2016年10月3日至17日收集利害關係人及公民對「新城B區東側」的意見（土地工務運輸局，2016c）。東側樓宇高度限制在25至44米之間（土地工務運輸局，2016b），但被社會質疑在未完成整體規劃及詳細規劃的情況下，就開展規劃條件圖，是漠視第12/2013號《城市規劃法》的規定，城市規劃委員會於2016年10月31日召開會議時，大部分委員亦質疑特區政府的做法（《正報》，2016；《華僑報》，2016a；2016c；《市民日報》，2016a；2016b；區錦生，2016a；吳國昌，2016a）。由於有關規劃違反法定程序，也有保護世界遺產的隱憂，迴飛鏢效應再次發揮效用，新城B區東側的規劃條件圖，直至2018年5月也沒有公佈。

新澳門學社成員到巴黎聯合國教科文組織總部反映事件

　　可是，一波未平一波又起。平靜了一段時間的「護塔行動」134地段超高樓項目，因土地工務運輸局指容許該建築物按已建的81.32米高度復工，卻超出第83/2008號行政長官批示訂定的限制（《華僑報》，2016b），再次出現東望洋燈塔景觀受到威脅的危機。文化局僅稱「尊重客觀事實」（《濠江日報》，2016），同樣受到社會強烈質疑帶有雙重標準、政府帶頭違法（市民日報，2016c；2016d；《論盡媒體》，2016；區錦生，2016b；吳國昌，2016b），亦引起公民再次向聯合國教科文組織投訴。同年12月13日，新澳門學社在法國巴黎聯合國教科文組織總部，與聯合國教科文組織世界遺產中心總監Mechtild Rössler會面，雙方深入探討東望洋斜巷超高樓項目的背景、現況和長遠影響。聯合國教科文組織明言關注情況，並將要求澳門特區政府就事件作出回應（新澳門學社，2016）。最終聯合國教科文組

織亦介入事件，該組織於2016年12月19日發出第CLT/HER/WHC/APA/FJ/YG/16/220號公函，要求中國政府就澳門社會團體對西望洋山景觀作出解釋（China，2017），國際組織因跨國倡議網絡的積極行動，再次試圖影響澳門的世界遺產保護，特區政府也需要透過中央政府，應對國際組織的關注。

為回應聯合國教科文組織的關注，2017年2月，澳門特區政府透過中國中央人民政府，正式向聯合國教科文組織世界遺產中心提交《世界遺產中心對澳門歷史城區保護狀況的探討》（*A Descriptive Information on the Inquiry of the World Heritage Center on the State of Conservation of the Historic Centre of Macao*）報告，對東望洋燈塔及西洋望山景觀作回應。報告特別指出漁人碼頭項目及新城B區的項目，符合保護世界遺產的相關規定。漁人碼頭項目的樓宇高度符合第83/2008號行政長官批示的限制，而新城B區也考慮城市規劃意見，確保西望洋山向大海的景觀，以保持澳門歷史城區與B區及大海和氹仔之間的視覺聯繫，諮詢內容不具備建築高度信息，而特區政府仍在處理城市規劃階段。在未來，公民、城市規劃委員會及其他政府部門仍可在每一個階段公眾諮詢對規劃監督或提供意見（China，2017）。特區政府的報告試圖為跨國組織的倡議效應降溫，也避免引起更大風波，降低迴飛鏢效應。

可惜聯合國教科文組織對這份報告不大滿意。2017年7月2日至12日，在波蘭克拉科夫舉行的第41屆世界遺產委員會會議上，第WHC/17/41.COM/18號決議案，針對澳門歷史城區通過要求締約國在完成城市總體規則前，要向世界遺產中心提交草案，而且需要對城市未來的發展項目作評估，並要求澳門特區政府在2018年12月1日前提交報告說明城區保護及城市規劃等事項的執行情況，以便世界遺產委員會在第43屆大會上進行審議。會議表示：

……關切今後可能涉及開墾土地的發展項目，並請締約國在批准之前向世界遺產中心提交城市發展總規劃草案，……城市總體規劃……旨在科學和透明地控制和調節城市發展的詳細計劃，……還請締約國對未來和計劃的發展項目進行遺產影響評估，重點是新建築項目對物業突出普遍價值的潛在影響……（World Heritage Committee, 2017: 165）

由此可見，聯合國教科文組織在澳門社會團體的跨國倡議後，充分借助迴飛鏢效應，要求特區政府謹慎處理澳門歷史城區保護，更擴張要求結合城市規劃、文化遺產保護及景觀等多個領域，履行世界遺產的責任。從另一角度來看，聯合國教科文組織的要求也可以成為特區政府協調跨部門的指標，減少部門之間的摩擦及「政出多門」的問題。事實上，由文化局主導的「澳門歷史城區保護及管理計劃框架」的公開諮詢已於2014年10月10日至12月8日進行（文化局，2014），只是正式的管理計劃卻到2018年1月22日至3月22日才開展（文化局，2018）。《澳門歷史城區保護及管理計劃諮詢文本》的內容似乎回應了聯合國教科文組織的要求。另一方面，由土地工務運輸局主導的「編製澳門總體規劃」資格預審有限制招標亦於2017年8月16日開展（印務局，2017b：14241–14243），截至2018年5月為止，已完成資格預審，處於評審投標書的階段（印務局，2018：913），相信仍需要一段長時間，才可完成澳門總體規劃的工作。無論如何，特區政府受到來自聯合國教科文組織的壓力，加上公民積極關注，只要特區政府有任何不利於保護世界遺產的行動、決定或政策，均會受到公民的挑戰，更被放上聯合國教科文組織作檢視。倡議網絡成為了公民挑戰特區政府保護文化遺產的「護身符」，迴飛鏢效應的效果相當顯著。

文化遺產保護提升至國際層面，就會受到國際重視及壓力，倡議網絡在「一國兩制」的框架下，更容易影響特區的公

共管治。在「一國兩制」的框架下，由於地區政府在國際事務上扮演一定的角色，故倡議網絡可以以影響非主權國家的文化遺產保護為目標，使地區政府的文化遺產保護更容易受到跨國行動者的壓力，公民更容易利用倡議網絡，借助跨國行動者的力量，直接影響特區對文化遺產保護施政工作。進一步而言，這不單是「一國兩制」的問題，基本上也是地方政府的問題可以國際化，因而中央政府需要介入，這提示就算中央政府實行權力下放，還需要不時審視地方政府的問題會否出現迴飛鏢效應，為中央帶來文化遺產保護的問題及困擾。

這是「一國兩制」的管治模式形成的特點。根據《澳門特別行政區基本法》第136條的規定，「澳門特別行政區可在經濟、貿易、金融、航運、通訊、旅遊、文化、科技、體育等適當領域以『中國澳門』的名義，單獨地同世界各國、各地區及有關國際組織保持和發展關係，簽訂和履行有關協議（印務局，1999：354–387）」，因此，澳門特區在國際事務上可以扮演一定的角色，這與其他國家的地方政府不扮演國際事務的角色明顯不同。特區政府的文化遺產保護更容易受到跨國行動者的壓力，公民更容易利用倡議網絡，借助跨國行動者的力量，直接影響特區的文化遺產保護工作。

澳門特區在「一國兩制」、「澳人治澳」及高度自治的管治模式下，文化事務屬於地方公共管治的高度自治領域，然而，中央人民政府代表澳門履行保護世界遺產的國際承諾，所以澳門的文化遺產保護不能簡單地歸納為地方事務。在「一國兩制」下處理澳門文化遺產保護，需要跟隨中國在國際社會的立場。同時，聯合國教科文組織有責任按照《保護世界文化和自然遺產公約》等國際公約，監督澳門的文化遺產保護狀況，因此，「世界遺產」是一把「雙刃劍」，一方面提升了澳門的國際地位，但另一方面令特區政府要在國際監督下處理地方事務。如果澳門政府處理不當，而公民又要求聯合國教科文組織

介入，中央人民政府為免國家的國際聲譽受損，絕不容許澳門的世界遺產被除名，這樣，中央人民政府就會主動要求及協助澳門特別行政區制定符合要求的政策。即使澳門實行「一國兩制」、「澳人治澳」及高度自治，中央人民政府亦會毫不客氣地介入屬於主權國行為的世界遺產議題，要求特區政府重視及解決問題。澳門在處理文化遺產保護時，需要理性及小心處理各種訴求，避免引起「一國兩制」的管治關係下，「澳人治澳」、高度自治的尷尬。

為避免特區政府再次受到國際組織對文化遺產保護工作的壓力，以及避免公民再次利用迴飛鏢的效應，影響特區政府的文化遺產保護政策，特區政府需要增加文化遺產保護的公民參與，加強不同部門之間的協調及配合，強化問責，讓公民清楚理解文化遺產保護政策的責任。正如這次研究的個案，公民採取行動，以迴飛鏢的模型，導致高層樓宇無法興建。在「護塔行動」中，影響的地點正處於世界遺產保護區旁邊的敏感位置，對世界遺產的保護產生嚴重的影響。在過程中，土地工務運輸局強調合法合理，但文化局沒有辦法介入及角色被動，文化與工務部門既不溝通，亦不合作。最終，當事件在社會上引起風波，文化局才有機會與土地工務運輸局就事件展開協調，處理保護區範圍外的高度限制。雖然如此，但從有利於保護文化遺產的角度看，「護塔行動」的確促進了文化與工務部門的合作，當工務部門遇到類似問題時，會主動諮詢文化局的意見，避免再次發生同類事件。在「守護路環行動」中，文化局在事件初期可以參與其中，避免了文化局的角色被動，可見特區政府在事件中吸取了經驗，積極處理（陳澤成，2010；湯榮耀，2015）。

從有利於「一國兩制」的落實，以及建設有效的文化遺產保護的角度看，特區政府需要建立更有效的公民參與渠道，

這有助落實文化遺產保護政策。特區政府在制定政策時，需要掌握公民對文化遺產保護的理念、意識及要求。如果官員與公民的理念不同，可以導致公民發起社會行動，導致迴飛鏢效應出現。特區政府在制定政策時，需要加強橫向溝通，不同部門的官員不能只遵循部門的規定辦事，不可自掃門前雪，需要全盤了解政策對其他政策造成的影響，若政策可能影響文化遺產保護，需要主動要求其他部門提供意見，減少政策衝突（湯榮耀，2015）。

政府應在制定文化遺產保護政策時，防範於未然，不能待至事態嚴重的階段才考慮解決問題。由於政府的行動遲緩及不重視公民的聲音，才令問題漸趨惡化。因此，現時的法律已對文化遺產保護作了更嚴謹的規範，如第10/2013號法律《土地法》及第12/2013號法律《城市規劃法》生效後，特區政府在制定土地管理政策及城市規劃政策時，必須顧及文化遺產保護，使三者的關係不被分割。土地管理的使用及利用，需要遵守保護原則——「應遵守維護環境及保護文化遺產的標準」（印務局，2013a：1859–1899）；城市規劃其中一專案為「促進保護屬文化遺產的被評定的不動產」；在制訂澳門特別行政區的總體規劃時，具有「遵從規範保護屬文化遺產的被評定的不動產的法例規定，列出保護屬文化遺產的被評定的不動產的指引性原則」的目的；而詳細規劃亦要達到「配合文化遺產保護政策，引入維護和弘揚屬文化遺產的被評定的不動產的措施」的目的。未有詳細規劃地區的規劃條件圖發出的時候，「如建築物的建築或擴建工程可能對文化遺產保護、生態環境保護或道路整治有所影響，土地工務運輸局應要求在相關範疇具職責的公共行政部門發表意見」（印務局，2013b：1900–1923）。第11/2013號法律《文化遺產保護法》亦規定：「各公共部門的工作，尤其為保護文化遺產的都市整治、環境、教育及旅遊方面的工作，應互相配合和協調」（印務局，2013a：1859–1899）。

文化遺產保護、土地及城市規劃之間的關係不可分割，澳門要有宏觀的城市規劃，完善的城市規劃，更要有分區規劃來控制澳門城市發展，官員之間對文化遺產保護應存有共識（呂澤強，2010；吳國昌，2010；鄭國強，2010）。特區政府在文化遺產保護的公民參與過程中，除確保依法行政外，更要綜合不同領域的政策，制定適合澳門的文化遺產保護政策，在確保文化遺產保護具有優先地位的同時，亦要平衡及協調社會發展與文化遺產保護。此外，需要避免官員的自由裁量權過大，建立有效的制約及監督機制，讓官員運用裁量權時必須符合公共利益，即使法規沒有規定，也需要考慮政策的合理程度（胡玉沛，2015），採取適當的執行方式，避免公民因不滿官員決定的政策，而引起倡議網絡行動者發起各種行動。

　　特區政府在文化遺產保護的過程中，需要確保公民參與途徑有效及暢通。經歷了多場文化遺產保護運動後，發現特區政府的決策過程存在不少問題，特區政府必須解決這些問題，才能使政策制定的過程符合社會環境的變遷，以及滿足公民參與的需要。第11/2013號法律《文化遺產保護法》於2014年3月1日起生效，也規範了特區政府在制定文化遺產相關政策時，無論是評定不動產、「澳門歷史城區」的保護及管理計劃或局部計劃的方案，還是將專案入選《非物質文化遺產名錄》，均需要公開諮詢（印務局，2013a：1859–1899）。與此同時，特區政府自2014年3月1日成立文化遺產委員會後，需要充分利用文化遺產委員會作為諮詢機構的平台，充分聽取文化遺產委員會的意見，以促進對文化遺產的保護。

　　特區政府在公民參與的機制下，需要增加公民參與文化遺產保護政策諮詢的途徑及機會，加強雙方的互動。特區政府在制定文化遺產保護政策時，首先諮詢公民對政策問題的看法，需要提出不同方案讓公民選擇，從中選擇一個大部分公民能接

文化遺產保護、土地及城市規劃之間的關係不可分割，澳門必須要完善城市規劃，才能平衡發展及文化保護。

受的方案，並制訂備選方案。特區政府在政策規劃時，可以充分掌握民意，認清民間對政策的想法，推動政策能夠符合公民的道德觀及價值觀，避免政策制訂後（梁慶庭，2015），因公民不滿而在倡議網絡中引爆槓桿政治及迴飛鏢效應，將政策推倒重來。

　　總括而言，在「一國兩制」的原則下，倡議網絡可對屬非主權國家的澳門產生影響，使澳門特區的文化遺產保護更容易受到國際社會的壓力。特區政府需要主動處理公民的要求，避免公民日後再次運用倡議網絡，借助迴飛鏢效應，迫使政府改變文化遺產保護政策。澳門的文化遺產保護已不再簡單地屬「一國兩制」、《澳門特別行政區基本法》所指的地方事務，澳門歷史城區列入世界遺產後，已提升至國際層次，需要由國家作為代表，受到國際社會監督，具有外交事務的特質。世界

遺產是主權國行為，文化遺產保護卻是地方事務，特區政府需要策略性地處理「一國兩制」下中央與特區的關係，避免影響其管治威信。

中央政府在世界遺產議題上具有明確的角色及責任，不能簡單以地方事務看待保護文化遺產，因此，在「一國兩制」及澳人治澳的原則下，日常的文化遺產管理工作，應由特區政府自行處理；特區政府在制定文化遺產保護政策時，需要顧及中國在國際社會的地位及政治立場，制定符合國際社會、國家要求及澳門社會的文化遺產保護政策。一旦特區政府制定的文化遺產保護政策無法滿足國際社會的要求時，中央人民政府就會主動協助澳門特別行政區，制定符合要求的政策，故特區政府需要小心處理文化遺產保護，綜合不同領域的政策，制定適合澳門的文化遺產保護政策，建立更有效的公民參與渠道，確保公民參與途徑有效及暢通。

謝誌

人生就像一本書，要過怎麼樣的人生，全由自己去編寫。若是每一頁都能用心編撰，相信我們的人生絕對精彩豐富。

活着從來都是美好，在碩士生涯即將劃上句號的時候，一個毅然的決定，開啟了進入博士的大門，進一步向人生目標邁進。本書的核心內容就是在博士階段完成。本書在《澳門文化遺產保育中的公眾參與──倡議網路的視角》博士論文，經過再次提鍊、修改、潤飾，加上更新的觀點而成。在此，感激岳經綸教授的諄諄教導，感謝澳門大學余永逸教授在我報考博士研究生時給予的鼓勵，亦感恩羅金義教授賜予出版的機會。

難得在生命的一遇，遇上了一群同樣熱愛文化遺產，甘為小城付出的澳門文物大使協會與澳門文遺研創協會的隊友們。由第一代到現在的第十代，每一位曾陪伴我一起成長的隊友，共同走過無數的春秋，「接受磨練去迎挑戰」。家人的家書是沒文字的信，指引人生道路，無論代價多麼高昂，也「只有父母用一生的愛講一種道理」，沒他們的默默支持，甚麼事也難以完成。

人生總會走過無數的高山低谷，「渴望被成全，努力做人誰怕氣喘」可能真的是很多人內心的吶喊。感謝旅途上的親友、伙伴、朋友、同事，讓我有幸和你們一起走過青蔥歲月，路途上幫我攀上一座又一座的高山，扶持我爬出一個又一個的低谷。

《沒有你，我甚麼都不是》這首歌可以唱出我的心聲。路漫漫其修遠兮，吾將上下而求索。在未來的道路上，我繼續懷着一顆感恩的心，繼續譜寫生命之歌。

　　毋忘初衷，緊握信念。

譚志廣

2018年5月

參考文獻

中文參考文獻

著作

吳志良、楊允中(2005)。《澳門百科全書》,第2版,澳門:澳門基金會。

婁勝華(2004)。《轉型時期澳門社團研究——多元社會中社團主義體制解析》,廣州:廣東人民出版社。

辜麗霞(2008)。《澳門特區政府人力資源政策過程研究——基於多源流理論的新探討》,行政管理博士論文,北京:北京大學。

瑪格麗特‧E‧凱克、凱薩琳‧辛金克著,韓昭穎等譯(2005)。《超越國界的活動家:國際政治中的倡議網絡》,北京:北京大學出版社。

潘冠瑾(2010)。《澳門社團體制變遷:自治、代表與參政》,北京:社會科學文獻出版社。

期刊

何秋祥、蔡嘉琳(2009)。〈政策諮詢與《私立學校教學人員制度框架》〉,《行政》,22卷,總第85期,2009年3月,頁525–535。

青鋒(2008)。〈從護塔行動成長看澳門公民社會的成長——兼論澳門主體性的萌芽〉,《澳門青年》,第14期,頁13–14。

高炳坤(2009)。〈論澳門特區合作主義的治演與發展方向〉,《中國行政管理》,12期,頁113–119。

區耀榮(2014)。〈從多源流理論分析澳門最低工資政策〉,《行政》,27卷,總104期,2014年2期,頁275-288。

婁勝華(2006)。〈令民意表達更加暢通——參與式民主與澳門政府諮詢機制建設構想〉,《澳門研究》,32期,頁37–47。

謝四德(2009)。〈有關澳門諮詢制度化的若干思考〉,《澳門研究》,51期,頁35–450。

政策文件

土地工務運輸局(2013)。《本澳的城市指導性規劃》,http://www.dssopt.gov.mo/zh_HANT/home/information/id/80/info_id/71/type/show,瀏覽日期:2018年1月15日。

土地工務運輸局（2014a）。《〈2000A042 位於鄰近友誼大馬路之土地外港——「漁人碼頭」——澳門〉規劃條件圖草案》，https://urbanplanning.dssopt.gov.mo/download/q20140611094624_1.pdf，瀏覽日期：2018年1月20日。

土地工務運輸局（2014b）。《〈2000A042 位於鄰近友誼大馬路之土地外港——「漁人碼頭」——澳門〉規劃條件圖草案說明》，https://urbanplanning.dssopt.gov.mo/download/q20140611094624_2.pdf，瀏覽日期：2018年1月20日。

土地工務運輸局（2014c）。《未有詳細規劃地區的規劃條件圖意見匯總》，https://urbanplanning.dssopt.gov.mo/download/F-2000A042-1.pdf，瀏覽日期：2018年1月20日。

土地工務運輸局（2015a）。《〈2000A042 位於鄰近友誼大馬路之土地外港——「漁人碼頭」——澳門〉規劃條件圖草案第2次收集意見》，https://urbanplanning.dssopt.gov.mo/download/D-2000A042(2).pdf，瀏覽日期：2018年1月20日。

土地工務運輸局（2015b）。《〈2000A042 位於鄰近友誼大馬路之土地外港——「漁人碼頭」——澳門〉規劃條件圖草案說明第2次收集意見》，https://urbanplanning.dssopt.gov.mo/download/E-2000A042(2).pdf，瀏覽日期：2018年1月20日。

土地工務運輸局（2015c）。《未有詳細規劃地區的規劃條件圖意見匯總》，https://urbanplanning.dssopt.gov.mo/download/F-2000A042(2)-01.pdf，瀏覽日期：2018年1月20日。

土地工務運輸局（2015d）。《新城區總體規劃第三階段公眾諮詢》，澳門。

土地工務運輸局（2015e）。《新城區總體規劃第三階段公眾諮詢民意調查研究總報告》，澳門。

土地工務運輸局（2016a）。《〈2015A006 鄰近孫逸仙大馬路之土地（新城B區東側）——澳門〉規劃條件圖草案》，https://urbanplanning.dssopt.gov.mo/download/D-2015A006.pdf，瀏覽日期：2018年1月23日。

土地工務運輸局（2016b）。《〈2015A006 鄰近孫逸仙大馬路之土地（新城B區東側）——澳門〉規劃條件圖草案說明》，https://urbanplanning.dssopt.gov.mo/download/E-2015A006.pdf，瀏覽日期：2018年1月23日。

土地工務運輸局（2016c）。《未有詳細規劃地區的規劃條件圖意見匯總》，https://urbanplanning.dssopt.gov.mo/download/F-2015A006.pdf，瀏覽日期：2018年1月23日。

文化局（2014）。《澳門歷史城區保護及管理計劃框架諮詢文本》，澳門。

文化局（2018）。《澳門歷史城區保護及管理計劃諮詢文本》，澳門。

印務局（1999）。〈中華人民共和國澳門特別行政區基本法〉，《澳門特別行政區公報》，1999年12月20日第1期第一組。

印務局（2005）。第20/2005號行政法規〈保留土地供中央人民政府駐澳門特別行政區聯絡辦公室使用〉，《澳門特別行政區公報》，2005年10月31日第44期第一組。

印務局（2006a）。第202/2006號行政長官批示〈關於被評定屬「澳門歷史城區」的紀念物、具建築藝術價值之建築物、建築群及地點的圖示範圍及有關的保護區。（補充12月31日第83/92/M號法令附件V）〉，《澳門特別行政區公報》，2006年7月24日第30期第一組。

印務局（2006b）。第248/2006號行政長官批示〈廢止核准《外港新填海區都市規劃章程》的4月18日第68/91/M號訓令及核准《南灣海灣重整計劃之細則章程》的4月18日第69/91/M號訓令〉，《澳門特別行政區公報》，2006年8月21日第34期第一組。

印務局（2008v）。第83/2008號行政長官批示《訂定東望洋燈塔周邊區域興建的樓宇容許的最高海拔高度》，2008年4月16日第15期第一組副刊。

印務局（2013a）。第11/2013號法律〈文化遺產保護法〉，《澳門特別行政區公報》，2013年9月2日第36期第一組。

印務局（2013b）。第12/2013號法律〈城市規劃法〉，《澳門特別行政區公報》，2013年9月2日第36期第一組。

印務局（2014a）。第4/2014號行政法規〈文化遺產委員會〉，《澳門特別行政區公報》，2014年2月24日第8期第一組。

印務局（2014b）。第5/2014號行政法規〈城市規劃法施行細則〉，《澳門特別行政區公報》，2014年2月24日第8期第一組。

印務局（2015）。第20/2015號行政法規〈文化局的組織及運作〉，2015年12月14日第50期第一組。

印務局（2017a）。第1/2017號行政法規〈評定紀念物、具建築藝術價值的樓宇和設立一緩衝區〉，《澳門特別行政區政府公報》，2017年1月23日第4期第一組。

印務局（2017b）。〈土地工務運輸局公告《「編製澳門總體規劃」資格預審有限制招標》〉，《澳門特別行政區政府公報》，2017年8月16日第33期第二組。

印務局（2018）。〈土地工務運輸局公告《關於「編製澳門總體規劃」資格預審有限制招標的第二階段公開開啟「投標書」封套的日期、時間及地點》〉，《澳門特別行政區政府公報》，2018年1月17日第3期第二組。

地圖繪製暨地籍局（2004）。《新口岸－136號街區街道準線圖》，地籍資訊網：http://cadastre.gis.gov.mo/MGSP_Cad/images/pao/image_PAO/91A063_20041214.pdf，瀏覽日期：2018年1月10日。

地圖繪製暨地籍局（2012）。〈路環位於鄰近田畔街之土地街道準線圖〉，地籍資訊網：http://cadastre.gis.gov.mo/MGSP_Cad/images/pao/image_PAO/96A082_20120302.pdf，瀏覽日期：2018年1月15日。

政府印刷局（1984）。六月三十日第56/84/M號法令〈設立保護建築物、風景及文化財產委員會——撤銷8月7日第34/76/M號法令及十二月三十一日第52/77/M號法令〉，《澳門政府公報》，1984年6月30日第27期。

高天賜（2013a）。《法案 ──〈第33/81/M號法令的解釋性規定〉法案最初文本》，澳門：立法會，http://www.al.gov.mo/proposta/int-lei-38-81m/proposta_c.pdf，瀏覽日期：2018年1月16日。

高天賜（2013b）。《法案 ──〈第33/81/M號法令的解釋性規定〉理由新述》，澳門：立法會，http://www.al.gov.mo/proposta/int-lei-38-81m/nota_justificativa_c.pdf，瀏覽日期：2018年1月16日。

區錦生（2006）。第460/III/2006號書面質詢，澳門：立法會，http://www.al.gov.mo/interpelacao/2006/06-460c.pdf，瀏覽日期：2018年1月10日。

區錦生（2016a）。第1286/V/2016號書面質詢《就興建政法區之選址提出書面質詢》，澳門：立法會，http://www.al.gov.mo/uploads/attachment/written-consultation/2016/5115458611eae07486.pdf，瀏覽日期：2018年1月24日。

區錦生（2016b）。第1340/V/2016號書面質詢《就東望洋斜巷樓宇高度限制問題所提出的書面質詢》，澳門：立法會，http://www.al.gov.mo/uploads/attachment/written-consultation/2016/919285861111de98bf.pdf，瀏覽日期：2018年1月24日。

吳國昌（2016a）。第1277/V/2016號書面質詢《就新城B區部分地域的規劃條件圖草案與政法區選址提出書面質詢》，澳門：立法會，http://www.al.gov.mo/uploads/attachment/written-consultation/2016/755085861113816bb1.pdf，瀏覽日期：2018年1月24日。

吳國昌（2016b）。第1345/V/2016號書面質詢《就東洋斜巷某建築物海拔高度對世遺資格的影響提出書面質詢》，澳門：立法會，http://www.al.gov.mo/uploads/attachment/written-consultation/2016/69939586111199d39a.pdf，瀏覽日期：2018年1月24日。

梁慶庭（2006）。第558/III/2006號書面質詢，澳門：立法會，http://www.al.gov.mo/interpelacao/2006/06-558c.pdf，瀏覽日期：2018年1月10日。

統計暨普查局（2017a）。《2016中期人口統計詳細結果》，澳門。

統計暨普查局（2017b）。《統計年鑑2016》，澳門。

陳明金、吳在權（2007）。《第149/III/2007號書面質詢》，澳門：立法會，http://www.al.gov.mo/interpelacao/2007/07-149c.pdf，2007，瀏覽日期：2018年1月10日。

陳偉智、吳國昌（2013）。《辯論動議》，澳門：立法會：http://www.al.gov.mo/uploads/attachment/2016-12/801125864780f494ec.pdf，瀏覽日期：2018年1月16日。

賈利安（2006）。第460/III/2006號書面質詢《關於區錦新議員書面質詢之回覆》，澳門：立法會，http://www.al.gov.mo/interpelacao/2007/07-007c_06-460.pdf，瀏覽日期：2018年1月11日。

賈利安（2007）。第149/III/2007號書面質詢《關於吳在權、陳明金質詢之回覆》，澳門：立法會，http://www.al.gov.mo/interpelacao/2007/07-319c_07-149.pdf，瀏覽日期：2018年1月11日。

澳門政府印刷署（1992）。十二月三十一日第83/92/M號法令〈修改附載於六月三十日第56/84/M號法令及五月三十一日第90/89/M號訓令之古跡、建築群及名勝名單。〉，《澳門政府公報》，1992年12月31日第52期。

澳門政府印刷署（1998a）。九月十九日第33/81/M號法令〈在路環島撥一面積十七萬七千四百平方公尺地段作為絕對保管地〉，中譯本，經八月三十一日第72/GM/98號批示刊登，《澳門政府公報》，1998年8月31日第35期第一組。

澳門政府印刷署（1998b）。四月二十八日第30/84/M號法令〈將九月十九日第33/81/M號法令設立之保留地總面積擴大〉，中譯本，經八月三十一日第72/GM/98號批示刊登，《澳門政府公報》，1998年8月31日第35期第一組。

澳門政府印刷署（1999）。一月二十五日第3/99/M號法令〈取消本地區位於路環之部分保留地〉，《澳門政府公報》，1999年1月25日第4期第一組。

澳門特別行政區政府（2001）。《中華人民共和國澳門特別行政區2002年度財政年度施政報告》，澳門。

澳門特別行政區政府文化遺產保護法例草擬小組（2008）。《文化遺產保護法法案大綱諮詢文本》，澳門。

澳門特別行政區政府城市規劃內部研究小組（2008）。《對構建現代化與科學化的城市規劃體系的探索（諮詢文本）》，澳門。

媒體報導

Doradanyu（2013）。《路環田畔街自然及文物極可能被破壞》，http://doradanyu.blogspot.com/2013/02/flickr-doradanyu-dsc0449a.html，1月29日，瀏覽日期：2018年1月15日。

Kaman8857（2013）。《甘雪玲決定帶大家走進澳門最後的淨土》，YouTube：https://youtu.be/1sucWddAqwA，6月1日，瀏覽日期：2018年1月16日。

一位熱愛這片土地的澳門市民（2007）。〈致聯合國教科文組織世界遺產委員會函〉，《訊報》，7月20日，版4。

一群建築與規劃專業人士（2007）。〈東望洋燈塔世遺景觀專業人士籲政府重視〉，《華僑報》，1月22日，版24。

一群荷蘭園區大廈居民（2007）。〈請當局對東望洋建高廈表態〉，《澳門日報》，4月4日，版E10。

了空（2013a）。〈口號以民為本政策傾斜商賈　保護路環關切環保市民發聲〉，《訊報》，3月22日，版A1。

了空（2013b）。〈政府傾斜發展漠視山林遭破壞　百人守護疊石塘山表環保要求〉，《訊報》，3月29日，版A1。

《力報》（2013）。〈假契　西契　紗紙契　專家破解　三大疑團〉，4月8日，版4。

《力報》（2015a）。〈特首批示非世遺緩衝區　漁人碼頭建高90米合法〉，4月28日，版3。

《力報》（2015b）。〈文化局調整限高建議　漁人碼頭A段高至90米〉，6月11日，版9。

《力報》（2015c）。〈特首指文遺成果得來不易　新城發展需保護文遺景觀〉，7月16日，版9。

土地工務運輸局（2009）。《路環石排灣都市化規劃方案內容簡介》，新聞局：http://www.gcs.gov.mo/showNews.php?DataUcn=39676，瀏覽日期：2018年1月15日。

《大眾報》（2006）。〈中聯辦新辦公大樓昨奠基〉，3月1日，版1。

《大眾報》（2007a）。〈「護塔連線」成員　在燈塔下舉辦活動〉，2月6日，版4。

《大眾報》（2007b）。〈有團體發起簽名活動　反對建高樓遮擋燈塔〉，9月17日，版4。

《大眾報》（2013a）。〈回應路環田畔街發展項目　特首重申重視發展與保育平衡〉，3月19日，版1。

《大眾報》（2013b）。〈路環疊石塘專案環保局要求擴大環評範圍〉，6月3日，版4。

木棉（2013）。〈當「欺善怕惡」的悲劇，發生在我們的山體身上〉，《論盡媒體》：http://aamacau.com/2013/03/15/dastardly/，3月15日，瀏覽日期：2018年1月16日。

《市民日報》(2007a)。〈崔世安：不會破壞世遺景觀〉，1月18日，版1。

《市民日報》(2007b)。〈中聯辦降新廈高度不遮松山〉，1月29日，版1。

《市民日報》(2007c)。〈學者倡保護世遺先規劃建築〉，7月18日，版2。

《市民日報》(2007d)。〈賈利安：根據城規審批樓宇高度〉，10月25日，版3。

《市民日報》(2007e)。〈燈塔景觀受威脅聯國查詢　文化局正與部門研究回覆〉，11月29日，版2。

《市民日報》(2013a)。〈政治解讀文物保護上綱上線〉，2月4日，版1。

《市民日報》(2013b)。〈飛文基籲政府企硬保護疊石塘山體公共利益　有地權不代表可起高樓〉，2月25日，版1。

《市民日報》(2013c)。〈吳衛鳴：田畔街哨站值得保留〉，3月17日，版3。

《市民日報》(2013d)。〈議員提案路環郊野公園劃保留地被否決〉，4月24日，版4。

《市民日報》(2015a)。〈林玉鳳：規劃燈塔周邊禁建築放高〉，4月6日，版4。

《市民日報》(2015b)。〈學社籲教科文列澳入瀕危世遺〉，7月16日，版3。

《市民日報》(2016a)。〈林宇滔抨政府無按城規法落實總體規劃〉，10月11日，版3。

《市民日報》(2016b)。〈楊允中：五年規劃應交立法會審議〉，10月12日，版2。

《市民日報》(2016c)。〈陳德勝：復活超高樓政府帶頭違法〉，10月29日，版1。

《市民日報》(2016d)。〈林玉鳳憂燈塔被擋致世遺除名 政府有條件商降低樓宇高度　保護世遺也保障發展商利益〉，11月7日，版1。

《正報》(2007a)。〈官話動聽‧立此存照文化局稱與工務局協調勿壞燈塔景觀〉，1月24日，版1。

《正報》(2007b)。〈護塔連線展第一波行動〉，2月3日，版1。

《正報》(2013a)。〈地段內具歷史軍事哨站恐不保〉，1月30日，版1。

《正報》(2013b)。〈殖民地色彩軍事設施應拆除？　陳樹榮促勿政治化〉，2月2日，版1。

《正報》(2013c)。〈民間周日發起守護路環　捍衛山林不止我一個！〉，3月23日，版1。

《正報》(2013d)。〈刺穿市肺　揭開畫皮〉，3月25日，版1。

《正報》(2014)。〈城規會討論九份規劃圖草案〉，8月2日，版1。

《正報》(2015a)。〈上限非奉旨用盡　吳國昌：發展商謀求突破規限成趨勢〉，4月6日，版1。

《正報》(2015b)。〈吳國昌促B區收緊限高維護西望洋景觀落實填海新城澳人澳地〉，7月7日，版4。

《正報》(2016)。〈新城 B 區規劃斬件上　林翊捷：違中央科學規劃要求〉，10月5日，版1。

永逸(2007)。〈堅持不立城市規劃法必將孳生新的歐文龍〉，《新華澳報》，6月6日，版1。

立言(2007)。〈澳門文物保護莫名其妙澳門　規則不足本末倒置〉，《訊報》，1月20日，版6。

守護路環(2013)。https://www.facebook.com/greencoloane/，瀏覽日期：2018年1月15日。

李展鵬(2013)。〈守護的不只是路環〉，《力報》，3月26日，版P2。

李爾(2013a)。〈守護路環〉，《澳門日報》，3月21日，版F3。

李爾(2013b)。〈癌細胞〉，澳門日報，3月28日，版F3。

東望洋(2007a)。《高樓建成後，由燈塔下望》，保護東望洋燈塔景觀：http://guialighthouse.blogspot.com/2007/01/blog-post_116899747277687604.html，瀏覽日期：2018年1月10日。

東望洋(2007b)。《由東方拱門望向將被高樓遮擋的松山燈塔》，保護東望洋燈塔景觀：http://guialighthouse.blogspot.com/2007/01/blog-post_17.html，瀏覽日期：2018年1月10日。

東望洋(2007c)。《一位參與者寄來的現場照片》，http://guialighthouse.blogspot.com/2007/02/blog-post_3272.html，瀏覽日期：2018年1月27日。

東望洋(2007d)。《保護東望洋燈塔關注組致聯合國教科文組織（UNESCO）函件》，保護東望洋燈塔景觀：http://guialighthouse.blogspot.com/2007/11/unesco.html，瀏覽日期：2018年1月10日。

東望洋(2007e)。《一群市民致　中央人民政府駐澳門特別行政區聯絡辦公室的公開信》，保護東望洋燈塔景觀：http://guialighthouse.blogspot.com/2007/11/blog-post_7144.html，瀏覽日期：2018年1月10日。

動靜筆記(2013)。《我們一起守護路環》，樂多日誌，http://reader.roodo.com/mvtnotes07/archives/25327098.html，2月20日，瀏覽日期：2018年1月18日。

《華僑報》(2006a)。〈本澳高樓大廈林立　議員關注景觀綠化〉，12月2日，版14。

《華僑報》(2006b)。〈東望洋燈塔附近建高廈　周邊居民往工務局反映〉，12月24日，版13。

《華僑報》(2007a)。〈民間關注松山腳高廈或遮擋東望洋燈塔　工務局與業權人商降高度〉，1月18日，版B5。

《華僑報》(2007b)。〈要求保護世遺　反對放寬樓高限制民主起動向政府及中聯辦遞信〉，1月20日，版22。

《華僑報》(2007c)。〈反對建高樓破壞燈塔景觀東望洋區居民特首辦遞信〉，1月27日，版23。

《華僑報》(2007d)。〈新澳學社就松山燈塔景觀　向中聯辦遞信〉，1月27日，版22。

《華僑報》(2007e)。〈政府將發出特別指引調整羅理基地段樓高〉，1月31日，版11。

《華僑報》(2007f)。〈美利閣大廈召開所有人大會　反對超高樓破壞世遺景點〉，4月5日，版22。

《華僑報》(2007g)。〈羅理基馬路近松山腳一邊建築限高90米內〉，7月19日，版23。

《華僑報》(2007h)。〈在松山腳興建中的中聯辦新辦公大樓白志健謂高度不逾90米〉，7月20日，版14。

《華僑報》(2007i)。〈為免屬全人類的珍貴遺產淹沒於高樓中　「護塔連線」函聯國求關注〉，9月10日，版13。

《華僑報》(2007j)。〈護塔組向中聯辦遞信要求關注　冀向中央反映高樓破壞世遺〉，10月5日，版14。

《華僑報》(2008)。〈燈塔周邊新建樓高限90米　南灣湖區樓高須遵街影條例〉，2月21日，版14。

《華僑報》(2013a)。〈保育路環葡軍哨站舊址〉，1月30日，版14。

《華僑報》(2013b)。〈賈利安稱正編製「石排灣都市化規劃」方案　路環田畔街發展需交環評〉，2月28日，版14。

《華僑報》(2013c)。〈市民上山進行護山行動　反對高樓項目　有倡特首批示保護疊石塘山〉，3月25日，版14。

《華僑報》(2015a)。〈新澳社促修改合法不合理批示〉，4月8日，版14。

《華僑報》(2016a)。〈指新城B區規劃草案未經城市總體規劃黃東指違法定程序促收回〉，10月8日，版13。

《華僑報》(2016b)。〈東望洋超高樓已建高度可保留並將復工　羅立文：問題不易處理惟有取平衡〉，10月26日，版13。

《華僑報》(2016c)。〈新城B區東端政府設施及收回地段建八千公屋　兩項目草案均未獲城規全會認同〉，11月1日，版14。

黃東(2006)。〈救救澳門的城市空間景觀〉，《訊報》，8月19日，版5。

黃東(2013)。〈青山依綠水　才有澳門夢〉，《訊報》，3月29日，版A3。

《新華澳報》(2007a)。〈興建中高廈將遮擋燈塔居民抗議要求立即停工〉，
　　1月25日，版1。

《新華澳報》(2007b)。〈團體要求聯國派專家來澳研究超高樓威脅燈塔問
　　題〉，11月1日，版1。

《新華澳報》(2008)。〈東望洋周邊區域規劃調整保世遺〉，1月15日，版1。

《新華澳報》(2013)。〈媽祖文化村旁地段　可建海拔百米高樓〉，1月30日，
　　版2。

新聞群組(2013)。〈疊石塘起樓　恐破壞山體　議員促停工保葡軍哨站〉，
　　《力報》，1月31日，版5。

新澳門學社(2016)。《親赴巴黎！新澳門學社向聯合國反映東望洋燈塔保育
　　危機》，https://newmacau.org/?p=373，瀏覽日期。2018年1月24日。

賈大廚(2013)。〈平衡發展與生活空間〉，《澳門日報》，3月30日，版C3。

運輸工務司司長辦公室(2013)。《政府重視路環田畔街專案的發展與保育的
　　平衡》，新聞局：http://www.gcs.gov.mo/showNews.php?PageLang=C&Data
　　Ucn=68171&Member=0，3月25日，瀏覽日期：2018年1月16日。

《論盡媒體》(2015a)。〈「三放」漁人碼頭無理據　林宇滔質：工務局為何
　　一放再放？〉，https://aamacau.com/2015/04/03/三放」漁人碼頭無理據-
　　林宇滔質：工務局為何一放/，4月3日，瀏覽日期：2018年1月21日。

《論盡媒體》(2015b)。〈公眾諮詢被灌水　漁頭放高「凍過水」〉，https://
　　aamacau.com/2015/04/29/公眾諮詢被灌水-漁頭放高「凍過水」/，4月29
　　日，瀏覽日期：2018年1月21日。

《論盡媒體》(2015c)。〈高天賜：閒置地起樓綽綽有餘！關翠杏：批超高樓
　　只為發展商，https://aamacau.com/2015/07/07/高天賜：閒置地起樓綽綽有
　　餘！-關翠杏：批超高樓/，7月7日，瀏覽日期：2018年1月22日。

《論盡媒體》(2015d)。〈新城B區最高可達160米！　有諮詢文化局？吳衛鳴
　　不賣帳〉，https://aamacau.com/2015/07/08/新城b區最高可達160米-有諮詢
　　文化局？吳衛鳴不賣帳/，7月8日，瀏覽日期：2018年1月22日。

《論盡媒體》(2015e)。〈建超高樓！科隆大教堂險除名　聯合國世遺專家：
　　B區超高樓更嚴竣〉，https://aamacau.com/2015/07/13/ b區超高樓主教山岌
　　岌可危-聯合國世遺專家：嚴竣/，7月13日，瀏覽日期：2018年1月22日。

《論盡媒體》(2015f)。〈中國世遺專家郭旃：東西望洋都要保〉，https://
　　aamacau.com/2015/07/17/中國世遺專家郭旃：東西望洋都要保/，7月17
　　日，瀏覽日期：2018年1月21日。

《論盡媒體》(2015g)。〈新城規劃　保育發展有矛盾？李展鵬：保護主教山
　　景觀有利經濟發展〉，7月31日，版8。

《論盡媒體》（2015h）。〈李靜儀：保留休閒舒適地更符居民及旅客需求〉，7月31日，版8。

《論盡媒體》（2015i）。〈新城B區勢阻景觀　林發欽：主教山非世遺　不等於歷史價值低〉，7月31日，版8。

《論盡媒體》（2016）。〈爛尾樓維持81.32米無法理依據　林翊捷：法制破壞甚於景觀破壞〉，https://aamacau.com/2016/11/08/爛尾樓維持81-32米無法理依據-林翊捷：法制破壞甚於/，11月8日，瀏覽日期：2018年1月24日。

《澳門日報》（2006）。〈整治新口岸路網規劃山邊七地段羅理基設升降機通山頂醫院〉，8月9日，版A1。

《澳門日報》（2007a）。〈文物保護座談會出席人士積極建言獻策　專家　學者　促設世遺委會監督城規〉，1月21日，版C1。

《澳門日報》（2007b）。〈經濟發展迅速世遺面臨挑戰　田小剛冀社會協調保遺〉，6月10日，版B5。

《澳門日報》（2007c）。〈教科文關注燈塔處境〉，7月16日，版B6。

《澳門日報》（2007d）。〈團體集簽名保燈塔景觀〉，10月20日，版C6。

《澳門日報》（2008a），〈保護文遺經濟發展須平衡　文局全委會將派專家助調東望洋周邊規劃〉，1月19日，版B2。

《澳門日報》（2008b）。〈當局劃十一區限燈塔周邊建築　高度松山超高樓面臨腰斬〉，4月17日，版A3。

《澳門日報》（2009）。〈贊同區域合作發展　為適度多元留空間　習：澳發展需規劃監督〉，1月11日，版A2。

《澳門日報》（2013a）。〈政府保育　串連景點　居民團體呼籲力保哨站〉，1月30日，版B5。

《澳門日報》（2013b）。〈議員倡保護路環山體〉，2月1日，版A6。

《澳門日報》（2013c）。〈麥瑞權促做好環評減紛爭〉，2月2日，版B6。

《澳門日報》（2013d）。〈何偉添籲發展商環團交流〉，2月3日，版B7。

《澳門日報》（2013e）。〈陳明金促保護山體哨站〉，2月4日，版A6。

《澳門日報》（2013f）。〈文化局派員視察哨站〉，2月5日，版B7。

《澳門日報》（2013g）。〈佔地連山五萬六方米　擬《城規法》通過前批出政府：疊石塘樓無搭尾班車〉，2月28日，版A1。

《澳門日報》（2013h）。〈哨站割出納入擴路範圍　工務局：已收疊石塘樓建築計劃〉，3月9日，版A3。

《澳門日報》（2013i）。〈正展開行政程式各部門諮詢分析　劉司：已收疊石塘樓圖則〉，3月14日，版A3。

《澳門日報》(2013j)。〈四議員簽名支持保育路環〉,5月22日,版C6。

《澳門日報》(2015a)。〈支持漁碼建築限高保護世遺　文遺研協冀重新審批「三放」〉,4月8日,版B6。

《澳門日報》(2015b)。〈新城B區住宅群限高百米未有定論居民憂高樓擋主教山〉,7月5日,版A1。

《澳門日報》(2015c)。〈羅司：新城今次最後諮詢 市民意見或涉技術問題未必照單全收〉,7月9日,版A2。

《澳門日報》(2018)。〈漁碼新酒店擬降至六十米高〉,2月27日,版A3。

澳門政法學會(2013)。〈帶有濃厚殖民地色彩的軍事設施應拆除〉,《澳門日報》,2月1日。

《濠江日報》(2013)。〈市民續發起保護路環山體綠化簽名活動〉,5月19日,版A3。

《濠江日報》(2015)。〈城規會多委員反對放高漁人碼頭　工務局將提交更多資料再作討論〉,8月12日,版A1。

《濠江日報》(2016)。〈松山超高樓維持現高度 文化局：尊重現有客觀存在事實〉,10月28日,版A1。

護塔連線(2008)。"Guia Lighthouse group sends letter to UNESCO"澳門：保護東望洋燈塔景觀,http://guialighthouse.blogspot.com/2008/07/guia-lighthouse-group-sends-letter-to.html,瀏覽日期：2018年1月10日。

葡文文獻

Imprensa Nacional de Macau (1914)."Decreto n.º 422, de 9 de Abril de 1940 'Aprovando o regulamento orgânico da Direcção das Obras Públicas da Província de Macau.'", Boletim Oficial do Governo da Província de Macau, n.º 21, de 9 de Abril de 1914.

Imprensa Nacional de Macau (1953a). "Portaria n.º 14602, de 28 de Novembro de 1953 'Manda publicar, com alterações, nas províncias ultramarinas, para nas mesmas ter execução, a Lei n.º 2032 (protecção e conservação de todos os elementos ou conjuntos de valor arquiológico, histórico, artístico ou paisagístico).'", Boletim Oficial de Macau, n.º 48, de 28 de Novembro de 1953.

Imprensa Nacional de Macau (1953b). "Lei n.º 2032, de 28 de Novembro de 1953 'Promulga disposições sobre protecção e conservação de todos os elementos ou conjuntos de valor arqueológico, histórico, artístico ou paisagísticos concelhios'", Boletim Oficial de Macau, n.º 48, de 28 de Novembro de 1953.

Imprensa Nacional de Macau (1961). "Portaria n.º 6729, de 25 de Março de 1961 'Considera zona de protecção e de não edificação a área do terreno que circunda a Fortaleza do Monte.'", Boletim Oficial de Macau, n.º 12, de 25 de Março de 1961.

Imprensa Nacional de Macau (1966). "Portaria n.º 8199, de 16 de Julho de 1966 'Interdiz as construções de carácter permanente nos terrenos da periferia dos Largos do Pagode do Bazar, vulgarmente congecido por «Largo do Matapau», do Pagode da Barra, do Senado, de S. Domingos, de Santo Agostinho, de Santo António, da Sé, do Pao Cong Mio e da Praça Ponte e Horta.'", Boletim Oficial de Macau, n.º 29, de 16 de Julho de 1966.

Imprensa Nacional de Macau (1976). "Decreto-Lei n.º 34/76/M, de 7 de Agosto 'Classifica o património artístico de Macau'", Boletim Oficial de Macau, n.º 32, de 7 de Agosto de 1976.

Imprensa Nacional de Macau (1979). "Decreto-Lei n.º 27-F/79/M, de 22 de Setembro 'Direcção dos Serviços de Educação e Cultura'", Boletim Oficial de Macau, n.º 38, 2.º Suplemento, de 22 de Setembro de 1979.

英文文獻

著作

Lo, Hing Shiu (1995). *Political Development in Macau.* Hong Kong: The Chinese University of Hong Kong.

Lo, Shiu-Hing Sonny (2008). *Political Change in Macao.* New York: Routledge.

政策文件

China (2017). A Descriptive Information on the Inquiry of the World Heritage Center on the State of Conservation of the Historic Centre of Macao. United Nations Educational, Scientific and Cultural Organization: http://whc.unesco.org/en/documents/157566. (21/01/2018)

World Heritage Committee (2009). WHC-09/33.COM/20 - Final Decisions of the 33rd Session of the World Heritage Committee (Seville, 2009). Seville: World Heritage Committee, United Nations Educational, Scientific and Cultural Organization.

World Heritage Committee (2011). WHC-11/35.COM/20 - Decisions Adopted by the Word Heritage Committee at its 35th Session (UNESCO, 2011). Paris: World Heritage Committee, United Nations Educational, Scientific and Cultural Organization.

World Heritage Committee (2013). WHC-13/37.COM/20 - Decisions Adopted by the World Heritage Committee at its 37th Session (Phnom Penh, 2013). Phnom Penh: World Heritage Committee, United Nations Educational, Scientific and Cultural Organization.

World Heritage Committee (2017). WHC/17/41.COM/18 - Decisions adopted during the 41st session of the World Heritage Committee (Krakow, 2017). Krakow: World Heritage Committee, United Nations Educational, Scientific and Cultural Organization.

媒體報導

Jing, Feng (2007). Reply from UNESCO World Heritage Centre. Macao: 保護東望洋燈塔景觀, http://guialighthouse.blogspot.com/2007/11/reply-from-unesco-world-heritage-centre.html. (10/01/2018)

訪談

吳國昌(2010)。立法會議員，11月4日。

呂澤強(2010)。澳門註冊建築師、文化遺產委員會委員、中國古跡遺址保護協會會員，11月20日。

周慧珠(2014)。前澳門文物大使協會會長，10月12日。

林翊捷(2015)。守護路環行動發起人之一、我城社區規劃合作社成員、城市規劃委員會委員，1月14日。

林發欽(2010)。澳門理工學院中西文化研究所所長、文化遺產委員會委員，11月5日。

胡玉沛(2015)。「護塔連線」參與者、城市規劃委員會委員，1月13日。

張家樵(2015)。守護路環行動參與者、澳門戲劇人士，1月14日。

張鵲橋(2015)。前文化局文化財產廳廳長，1月12日。

梁慶庭(2015)。行政會發言人、文化產業基金行政委員會主席、前立法會議員、前澳門街坊會聯合總會會長，1月10日。

陳明錄(2013)。美國史丹福大學胡佛研究所研究員、教授，10月20日。

陳樹榮(2010)。「護塔行動」參與者、澳門歷史學會理事長，10月15日。

陳澤成(2010)。前澳門特區政府文化局局長，3月24日。

湯榮耀(2015)。守護路環行動參與者、澳門三十行動聯盟理事長，1月13日。

劉伯龍(2010)。前文化諮詢委員會委員，10月8日。

鄭國強(2010)。「護塔連線」參與者、澳門歷史文物關注協會理事長、文化遺產委員會委員，10月2日。

東亞焦點叢書

已經出版

蔡英文兩岸政策的
心路歷程

印尼產業的政治經濟學
資源詛咒

老撾的地緣政治學
擺脫陸鎖國宿命？

南海之爭的多元視角

馬來西亞民主轉型
族群與宗教之間

轉型中的
東亞福利體制